westermann

DORN . BADER

Physik 10

Gymnasium | Bayern

Lösungen

DORN • BADER

**Physik 10
Gymnasium
Bayern**

Herausgegeben von
Dr. Christian Gleixner

Begründet von
Prof. Dr. Franz Bader †, Prof. Friedrich Dorn †

Bearbeitet von
Dr. Christian Gleixner
Dr. Thomas Kunzl
Anja Lohrer
Monika Nürnberger
Antonia Heigl
Dr. Peter Patalong
Susanne Schmitter
Peter Spießl

Dieser Band enthält nur die Lösungen zu den Übungen am Ende der Lerneinheiten („Lösen Sie selbst"). Die Lösungen der „Aufgaben mit Lösungen" sind im Schülerbuch abgedruckt.

© 2022 Westermann Bildungsmedien Verlag GmbH, Georg-Westermann-Allee 66, 38104 Braunschweig
www.westermann.de

Das Werk und seine Teile sind urheberrechtlich geschützt. Jede Nutzung in anderen als den gesetzlich zugelassenen bzw. vertraglich zugestandenen Fällen bedarf der vorherigen schriftlichen Einwilligung des Verlages.

Druck A^2 / Jahr 2023
Alle Drucke der Serie A sind inhaltlich unverändert.

Redaktion: Dr. Ulrich Kilian, science & more redaktionsbüro
Illustrationen: Dr. Christian Gleixner, Dr. Ulrich Kilian, newVISION!
Umschlaggestaltung: LIO Design GmbH, Gartenstr. 13, 38114 Braunschweig
Druck und Bindung: Westermann Druck GmbH, Georg-Westermann-Allee 66, 38104 Braunschweig

ISBN 978-3-507-**11821**-8

1 Elektromagnetismus

Seite 23

A 1: Individuelle Lösung, z. B.:

Beschreibung:
Stabmagnet mit Eisenpulver, Foto

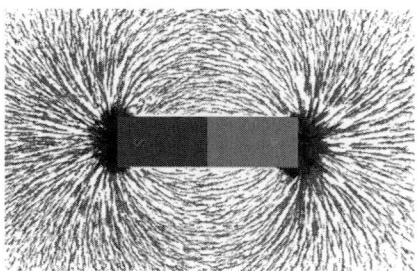

Vorteile:
- Der Verlauf der Magnetfeldlinien wird ersichtlich.
- Die Stärke der magnetischen Wirkung an den Polen wird erkennbar.
- Das Eisenpulver liegt sehr dicht, daher unterstreicht das Bild die Tatsache, dass das Magnetfeld auch zwischen den gezeichneten Feldlinien existiert.

Nachteile:
- Man sieht keine durchgehenden Magnetfeldlinien.
- Die Orientierung des Magnetfelds ist nicht erkennbar.

Beschreibung:
Stabmagnet mit Magnetfeldlinien und Kompassnadeln, Zeichnung

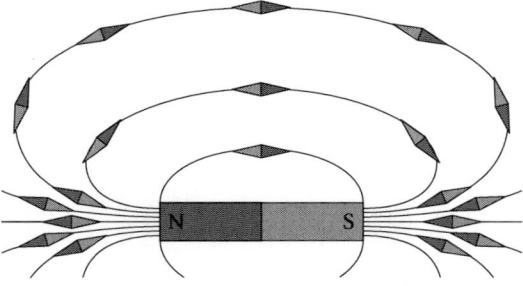

Vorteile:
- Der Verlauf der Magnetfeldlinien wird ersichtlich und wird mit der Ausrichtung von Magnetnadeln verknüpft.
- Die Orientierung des Magnetfelds ist erkennbar.

Nachteile:
- Die Abbildung ist nur schematisch.
- Die Zeichnung ist nur möglich, wenn man den Verlauf der Feldlinien bereits kennt.
- Es könnte der Eindruck entstehen, dass zwischen den Feldlinien kein Magnetfeld existiert.

Beschreibung:
Stabmagnet auf Magnetfeld-Demonstrationsplatte, Foto

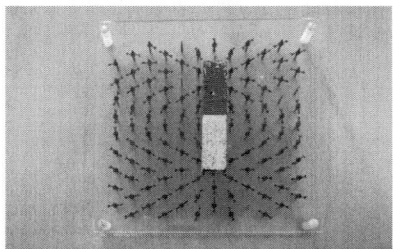

Vorteile:
- Der Verlauf der Magnetfeldlinien inklusive Oreintierung wird ersichtlich.

Nachteile:
- Die Lage der Kompassnadeln ist fest vorgegeben.
- An manchen Stellen erscheint der Verlauf der Feldlinien etwas unklar.

Beschreibung:
Computersimulation der Magnetfeldstärke und der Magnetfeldrichtung eines Stabmagneten

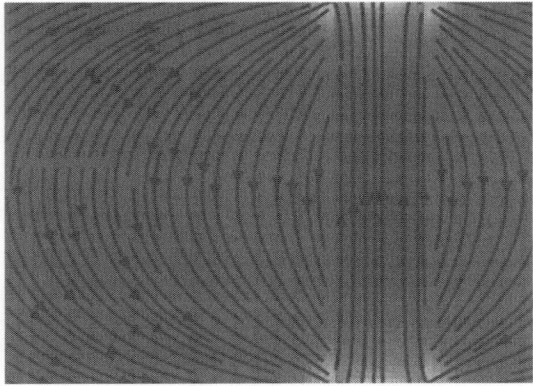

Vorteile:
- Der Verlauf der Magnetfeldlinien inklusive Oreintierung wird ersichtlich.
- Magnetfeldlinien werden auch im Inneren des Stabmagneten dargestellt.
- Bei Kenntnis des Farbcodes ist die Stärke des Magnetfelds an verschiedenen Stellen ersichtlich.

Nachteile:
- Zusammenhang mit der realen Situation, dem realen Experiment, nicht ganz offensichtlich.

A 2: Einige mögliche Beispiele:

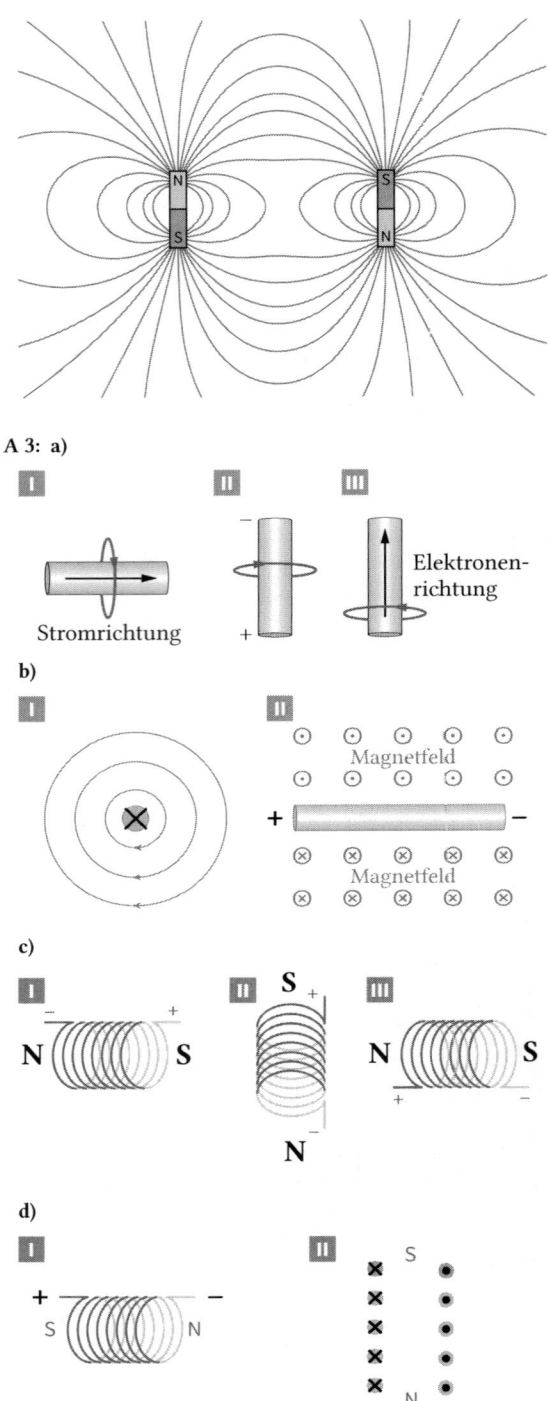

A 3: a) I, II, III – Stromrichtung, Elektronenrichtung

b) I, II – Magnetfeld

c) I, II, III

d) I, II

A 4: a) Individuelle Lösung, abhängig vom gewählten Simulationsprogramm.
b) Folgende Aussagen können gewonnen werden:
• Je größer die Stromstärke I durch die Spule ist, desto stärker ist das Magnetfeld des Elektromagneten.

1 Elektromagnetismus

- Je größer die Spannung U ist, die an der Spule anliegt, umso größer ist auch die Stromstärke I. Damit ist auch das Magnetfeld des Elektromagneten stärker.
- Je mehr Windungen die Spule besitzt, desto stärker ist das Magnetfeld des Elektromagneten.
- Ein Eisenkern innerhalb der Spule verstärkt das Magnetfeld.

A 5: Die Behauptung von Mehmet ist falsch. Z.B. mit den Bildern II und III in Aufgabe 3c auf Seite 23 lässt sich seine Aussage widerlegen.

A 6: Hinweis: Hierfür eignet sich z.B. die App *Phyphox*.
a) Individuelle Lösung.
b) Erwartete Ergebnisse: Betrag ca. 50 mT; Deklination (München) ca. 4°; Inklination (München) ca. 64°.
c) Individuelle Lösung.

Seite 30/31

A 1: Ergänzte Grafiken:

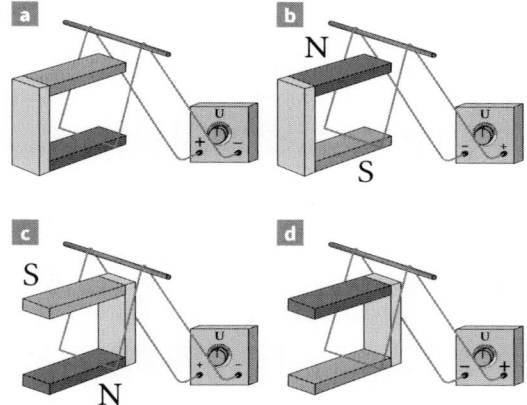

A 2: a) Wird die „Lokomotive" in die Spule eingeführt, so stellt der Spulendraht über die Magnete eine elektrisch leitende Verbindung zwischen den Batteriepolen her. Es fließt daher ein elektrischer Strom durch die Spule. Dieser Strom fließt dabei quer zum Magnetfeld der Magnetkugeln. Daher entsteht eine Kraft auf den Spulendraht, dessen Richtung durch die Drei-Finger-Regel bestimmt werden kann (siehe Grafik). Nach dem Wechselwirkungsprinzip wirkt dann auch auf die Magnetkugeln bzw. die „Lokomotive" eine Kraft, allerdings in der genau entgegengesetzten Richtung.

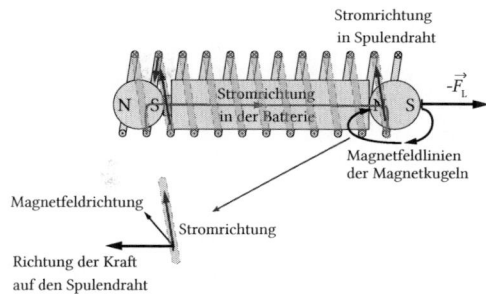

b) Dreht man die „Lokomotive" als Ganzes um, so ergibt sich analog zu Teilaufgabe a) die Situation wie in der nachfolgenden Grafik. Sowohl Magnetfeldrichtung als auch Stromrichtung sind nun genau umgekehrt, daher wirken die Kräfte wieder in die gleichen Richtungen wie in Aufgabe a.

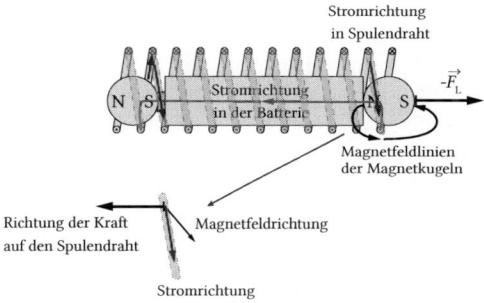

c) Der Draht darf nicht isoliert sein, da sonst kein Stromfluss zustande kommt und sich daher keine Lorentzkraft ergibt. Außerdem darf der Draht nicht aus einem ferromagnetischen Material sein, da sonst die Magnetkugeln an dem Draht haften und sich die „Lokomotive" nicht bewegt.
d) individuell

A 3: a) Die Spule befindet sich im Magnetfeld des Permanentmagneten. Wird sie von Strom durchflossen, so fließt dieser quer zum Magnetfeld, sodass gemäß der Drei-Finger-Regel eine Lorentzkraft auf die Spulenwindungen wirkt.

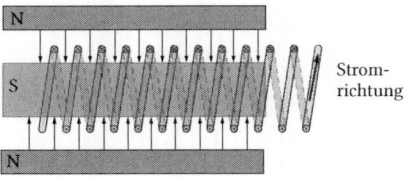

Demgemäß wird die Lautsprechermembran nach innen gezogen (im Bild nach links).
b) Ändert sich die Polung der elektrischen Anschlüsse, so ändert sich auch die Stromrichtung in der Spule. Da das Magnetfeld gleich bleibt, ändert sich die Richtung der Lorentzkraft und somit auch die Bewegungsrichtung. Bei ständiger Änderung der Polung am Netzgerät schwingt daher die Spule hin und her.
c) Individuelle Lösung.

A 4: Die Anwendung der Drei-Finger-Regel ergibt

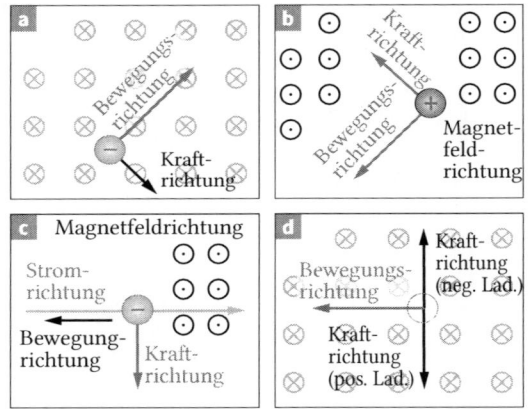

A 5: Elektrischer Stromfluss beruht auf der Bewegung elektrisch geladener Teilchen. Die resultierende Kraft auf eine Leiterschaukel im Magnetfeld ist die Summe der Kräfte auf die einzelnen Teilchen des Stroms.
a) Eine höhere Geschwindigkeit geladener Teilchen sorgt für einen größeren Stromfluss. Je größer der Stromfluss in einer Leiterschaukel ist, desto stärker ist die auf die Leiterschaukel resultierende Lorentzkraft. Somit ist auch die Lorentzkraft auf ein einzelnes Teilchen bei höherer Geschwindigkeit größer.
b) Teilchen, die sich parallel zum Magnetfeld bewegen, stellen einen elektrischen Strom dar, der ebenfalls parallel zum Magnetfeld verläuft. Es ergibt sich aber keine Kraftwirkung, wenn die Stromrichtung parallel zur Magnetfeldrichtung verläuft.
c) Ist die Masse eines Teilchens bei gleicher Krafteinwirkung größer als die eines anderen, so ist aufgrund des zweiten newtonschen Gesetzes ($F \cdot \Delta t = m \cdot \Delta t$) seine Geschwindigkeitsänderung dem Betrag nach vergleichsweise kleiner.

A 6: a) siehe Grafik rechts.
b) Da das Proton positiv statt negativ geladen ist, bedeutet eine Bewegung in der gleichen Richtung wie das Elektron einen Stromfluss in der entgegengesetzten Richtung wie beim Elektron. Da alle anderen Voraussetzungen aber gleich bleiben, 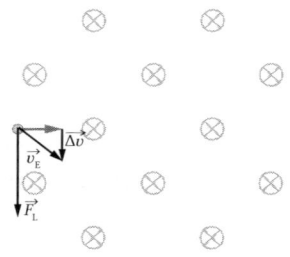 wird es nun nach der Drei-Finger-Regel nach oben abgelenkt. Hat das Proton die gleiche Geschwindigkeit und betragsmäßig die gleiche Ladung wie das Elektron, ist die resultierende Lorentzkraft betragsmäßig genauso groß wie die des Elektrons. Da das Proton aber eine größere Masse hat, ist die Geschwindigkeitsänderung betragsmäßig kleiner.
c) Die Aussage ist falsch. Bewegt sich das Teilchen parallel zu den Magnetfeldlinien, tritt keine Lorentzkraft und somit auch keine Ablenkung auf. Zudem gilt die Aussage nur für geladene Teilchen.

A 7: a) Mit der Rechten-Faust-Regel lassen sich die Magnetpole der Spulen bestimmen, wenn der Schalter geschlossen wird. Das Magnetfeld zwischen den beiden Spulen sieht dann vereinfacht wie in der Grafik aus.

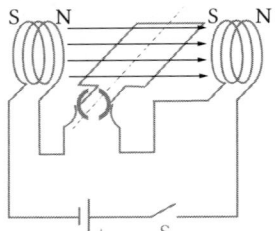

Mit der Drei-Finger-Regel wird die Richtung der Lorentzkraft auf die einzelnen Teile der Leiterschleife bestimmt:
• linker Teil – Stromrichtung nach vorne (aus der Zeichenebene heraus) ⇒ Lorentzkraft: nach oben
• hinterer Teil – Stromrichtung nach links parallel zum Magnetfeld ⇒ keine Lorentzkraft
• rechter Teil – Stromrichtung nach hinten (in die Zeichenebene hinein) ⇒ Lorentzkraft: nach unten
• vorderer Teil – Stromrichtung nach rechts parallel zum Magnetfeld ⇒ keine Lorentzkraft

Die Leitschleife dreht somit im Uhrzeigersinn.
Nach einer viertel Drehung wird der Stromfluss kurz unterbrochen und die Schleife dreht sich aufgrund ihrer erreichten Drehgeschwindigkeit weiter. Danach befindet sich der Teil der Leiterschleife, der vorher links von der Achse war, nun rechts von der Achse. Er wird aufgrund des Kommutators nun von vorn nach hinten vom elektrischen Strom durchflossen, sodass die Lorentzkraft hier wieder nach unten wirkt. Entsprechendes gilt für die anderen Teile der Leiterschleife.
b) Wird die Polung am Netzgerät geändert, so ändert sich die Stromrichtung durch die Anordnung. Damit ändern sich die Magnetpole an den Spulen und das Magnetfeld dazwischen. Da nun auch die Stromrichtung in der Leiterschleife entgegengesetzt zu vorher ist, bleibt die Richtung der Lorentzkraft in den Teilstücken gleich und die Drehrichtung ändert sich nicht.

A 8: Individuelle Lösungen, z. B.:
An den Polen treffen geladene Teilchen (Protonen bzw. Elektronen) auf die Erdatmosphäre und regen dort die Atome bzw. Moleküle in der Luft (v. a. Sauerstoff und Stickstoff) durch Stöße an. Nach kurzer Zeit geben die Sauerstoff- bzw. Stickstoffatome die Energie in Form von Photonen ab, was zu den leuchtenden Polarlichtern führt.
Das Magnetfeld der Erde sorgt dabei dafür, dass die Elektronen bzw. Protonen in der Nähe der geographischen Pole der Erde auf die Atmosphäre treffen. Geraten nämlich diese geladenen Teilchen in das Magnetfeld der Erde, so wirkt auf diese eine Lorentzkraft, da sie sich fast immer quer zu den Feldlinien bewegen. Die Lorentzkraft sorgt für eine Ablenkung auf schraubenförmigen Bahnen, wobei die Teilchen sich nahezu um die Feldlinien herum bewegen (siehe Skizze). In der Nähe der Pole sorgt das Magnetfeld sogar dafür, dass sich die Bewegungsrichtung um-

1 Elektromagnetismus

kehrt und die Teilchen zwischen den beiden geographischen Polen hin- und herpendeln.

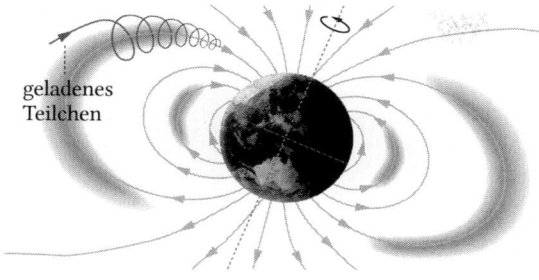
geladenes Teilchen

A 9: Salzwasser ist elektrisch leitend. In die Grafik zeichnet man dann die elektrische Stromrichtung ein:

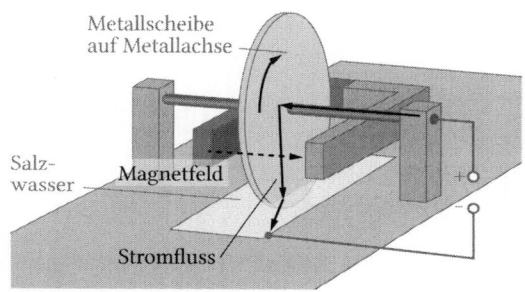
Metallscheibe auf Metallachse
Salzwasser
Magnetfeld
Stromfluss

Entlang der Achse fließt der Strom parallel zum Magnetfeld, sodass hier keine Lorentzkraft auftritt. In der Scheibe hingegen ist die Stromrichtung quer zum Magnetfeld, sodass auf den unteren Teil eine Kraft nach vorne wirkt.

Möglichkeiten, den Lauf zu variieren, sind beispielsweise:
- Umpolen des Netzgeräts
- Umdrehen des Magneten
- Erhöhen/Verringern des Salzgehalts
- anderes Scheibenmaterial

A 10: Damit sich der in der Grafik dargestellte Anker mit der Spule dreht, muss er in ein äußeres Magnetfeld gebracht werden. Die zugehörigen Magnetfeldlinien verlaufen waagrecht, d. h. die Pole befinden sich links und rechts vom Kommutator.
Bild 1: Zunächst ist die Schleifringhälfte A mit dem negativen Pol, die Schleifringhälfte B mit dem positiven Pol verbunden. Die Stromrichtung durch die Spule ist dann so wie es die Pfeile an den Enden der Spule angeben. Damit entsteht an der oberen Ankerhälfte ein Südpol und an der unteren Ankerhälfte ein Nordpol (Rechte-Faust-Regel).
Bild 2: Die Polung entspricht weiterhin der von Bild 1.
Da sich der Anker gegen den Uhrzeigersinn gedreht hat, befindet sich der Nordpol des äußeren Magnetfelds auf der linken Seite.
Würden die Polungen (äußeres Magnetfeld, Strom durch die Spule) wie zuvor bleiben, würde der Anker in waagrechter Position zum Stillstand kommen, da sich dann Nord- und Südpol gegenüberstehen und sich gegenseitig anziehen.

Der Kommutator unterbricht jedoch den Stromfluss, wenn der Anker sich nahezu in einer waagrechten Position befindet. Aufgrund der Trägheit dreht er sich weiter und gelangt in die Position von Bild 3.
Bild 3: Nun ist der Pluspol mit der Schleifringhälfte A, der Minuspol mit der Schleifringhälfte B verbunden. Die Stromrichtung verläuft nun aus Sicht der Schleifringhälften in entgegengesetzter Richtung, daher findet sich nun an der Ankerhälfte links unten ein Nordpol und rechts oben ein Südpol. Da das äußere Magnetfeld links einen Nordpol und rechts einen Südpol besitzt, werden die Ankerhälften von ihnen nun abgestoßen und der Anker dreht sich in der gleichen Richtung wie bisher weiter.
Bild 4: Analoge Situation zu Bild 1; oben am Anker befindet sich ein Südpol, unten ein Nordpol.

A 11: Individuelle Lösung, z. B.
Vorteile: deutlich weniger Lärmemissionen, keine direkten Abgase (Treibhausgase, CO_2, ...), weniger Verschleißteile, beim Bremsen kann Energie wiedergewonnen werden, hoher Wirkungsgrad, volles Drehmoment ab dem Anfahren, Recycling des Materials gut möglich.
Nachteile: energieintensive Herstellung, relativ geringe Reichweite, hohe Anschaffungskosten, große Masse aufgrund der Akkus, in der Regel lange Ladedauern, schlechte Ökobilanz aufgrund aufwändiger Herstellung und beständigem Strombedarf, fehlende Langzeitstudien.

A 12: Individuelle Lösung.

Seite 36/37

A 1: a) Ja – das Magnetfeld innerhalb der Leiterschleife verändert sich durch Annäherung des Magneten.
b) Ja – durch Schließen des Schalters fließt Strom durch die Feldspule und erzeugt ein Magnetfeld, das dann die Induktionsspule durchdringt. Sobald sich das Magnetfeld vollständig aufgebaut hat, wird keine Spannung mehr induziert.
c) Nein – durch die Bewegung parallel zu den Magnetfeldlinien verändert sich das Magnetfeld innerhalb der Leiterschleife nicht.
d) Ja – durch die Drehung der Leiterschleife im Magnetfeld ändert sich die Richtung, in der das Magnetfeld die Leiterschleife durchsetzt.
e) Nein – durch die Drehung der Leiterschleife um eine Achse parallel zu den Magnetfeldlinien ändert sich das Magnetfeld innerhalb der Leiterschleife nicht, solange alle Teile der Leiterschleife sich innerhalb des Magnetfelds befinden.

A 2: a) Folgende Möglichkeiten stehen zur Verfügung:
- Ein- und Ausschalten des Netzgeräts bei voreingestellter Spannung
- Veränderung der Spannung am Gleichspannungsnetzgerät
- Herausziehen des Eisenkerns
- Bewegen der linken Spule nach links oder rechts
- Bewegen der rechten Spule nach links oder rechts
- Beide Spulen bewegen, sodass sich ihr Abstand ändert
- Veränderung der Windungszahl der linken Spule
- Veränderung der Windungszahl der rechten Spule

b) Folgend Ergebnisse erhält man:
- Je größer die voreingestellte Spannung am Gleichspannungsnetzgerät beim Ein- bzw. Ausschalten ist, desto größer ist die Induktionsspannung.
- Je schneller die Änderung der Spannung am Gleichspannungsnetzgerät erfolgt, desto größer ist die Induktionsspannung.
- Je schneller eine Spule bewegt wird, desto größer ist die Induktionsspannung.
- Je schneller die Relativbewegung zwischen den Spulen geschieht, desto größer ist die Induktionsspannung.
- Je schneller der Eisenkern aus der Anordnung herausgezogen wird, desto größer ist die Induktionsspannung.

A 3: Individuelle Lösungen, z. B.:
An der Speiche wird ein Magnet befestigt, an der Fahrradgabel der Sensor (Reed-Schalter oder Spule). Jedes Mal, wenn der Magnet am Sensor vorbeikommt, wird ein Impuls an den Fahrradcomputer weitergeleitet. Dieser kann aus dem zeitlichen Abstand der Impulse und der Information über den Radumfang die momentane Geschwindigkeit berechnen:

$$v = \frac{\Delta x}{\Delta t} = \frac{\text{Radumfang}}{\text{Zeit zwischen zwei Impulsen}}.$$

Reed-Schalter: Ein Reed-Schalter besteht aus zwei Kontaktzungen aus einer Eisen-Nickel-Legierung, die in ein Glasrohr eingeschmolzen sind. Kommt der Magnet nahe genug an den Schalter heran, wird der Kontakt und damit der Stromkreis geschlossen.
Spule: Kommt der Magnet an der Spule vorbei, wird an den Enden der Spule eine Spannung induziert, die in einem geschlossenen Stromkreis einen Stromfluss zur Folge hat.

A 4: Die Argumentationskette könnte wie folgt aussehen:
- Nach Hinweis 2 wird ein Elektron am Punkt P der Leiterschaukel betrachtet. Wird die Leiterschaukel nach rechts ausgelenkt, stellt das nach Hinweis 1 einen elektrischen Strom dar, da sich das Elektron am Punkt P dann ebenfalls nach rechts bewegt.
- Da die Stromrichtung entgegengesetzt zur Elektronenbewegungsrichtung festgelegt ist, entspricht das einem elektrischen Strom nach links.
- Auf eine bewegte Ladung im Magnetfeld wirkt die Lorentzkraft. Die Richtung der Kraft kann mit der Drei-Finger-Regel der rechten Hand unter Beachtung der jeweiligen Stromrichtung(!) ermittelt werden. Die Kraft auf das Elektron wirkt aus der Zeichenebene heraus – das Elektron bewegt sich somit in Richtung des vorderen Endes der Leiterschaukel.
- Dies gilt auch für alle anderen beweglichen Elektronen in der Leiterschaukel, die sich im Bereich des Magnetfelds befinden. Somit wird das vordere Ende der Leiterschaukel zum Minuspol und das hintere Ende zum Pluspol der Induktionsspannung hingezogen.
- *Hinweis*: Auch auf die Atomrümpfe wirkt eine Kraft in der gleichen Richtung. Da sie sich nicht bewegen können, bewirkt dies, dass nur die Elektronen zum vorderen Ende der Leiterschaukel gedrückt werden.

A5: a) Individuelle Lösung, z. B.:

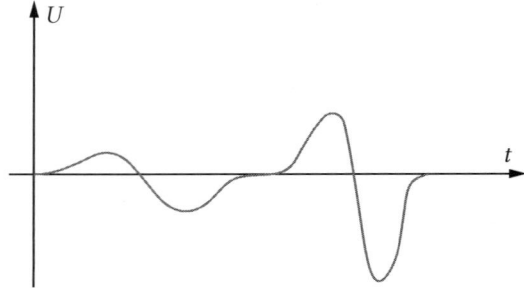

Wesentliche Kennzeichen:
- Nähert sich der Magnet der oberen Spule und taucht er dann in sie ein, so ist eine Induktionsspannung messbar, die positiv bleibt, bis der Magnet sich mittig in der Spule befindet.
- Befindet sich der Magnet mittig in der Spule ist die Induktionsspannung null, da sich dann die Induktionseffekte gerade ausgleichen.
- Bewegt sich der Magnet aus der Spule heraus, wird erneut eine Induktionsspannung gemessen, jedoch mit umgekehrtem Vorzeichen und mit größerem Maximalwert, da sich der Magnet immer schneller bewegt.

Diese drei Abschnitte finden sich analog bei der zweiten Spule. Zudem stellt man fest: Der Magnet wird beim Fallen immer schneller. Damit werden die Zeitspannen kürzer, in denen Induktionsspannungen gemessen werden, und die maximal erreichten Spannungen immer größer.

A 6: a) Individuelle Lösung, z. B.:
- Das Haushaltsstromnetz stellt Wechselspannung zur Verfügung. Damit ergeben sich in geschlossenen Stromkreisen Wechselströme.
- In einem Induktionsherd findet sich bei jeder Herdplatte eine Spule, die von einem Wechselstrom durchflossen wird. Sie erzeugt somit ein sich änderndes Magnetfeld.
- Der Boden eines Topfes stellt eine Art Leiterschleife dar, die kurzgeschlossen ist. Das wechselnde Magnetfeld der Herdplattenspule erzeugt in ihm einen Induktionsstrom.
- Der Induktionsstrom bewirkt, dass der Topfboden sich erwärmt.
- Die elektrische Energie aus dem Haushaltsnetz wird also über das Magnetfeld in den Topfboden übertragen. Dort wird sie in innere Energie umgewandelt.

1 Elektromagnetismus

b) Die Töpfe müssen zum einen entsprechende Ströme zulassen, zum anderen müssen sie so gestaltet sein, dass Sensoren in der Herdplatte erkennen, dass es sich um einen Topf handelt und nicht um ein zufällig auf der Platte liegendes Metallstück.
c) *Vorteile*: Es wird fast nur der Topf erwärmt und nicht die Platte selbst.
Nachteile: Man benötigt besondere Töpfe. Es treten recht starke Magnetfelder auf (Stichwort: „Elektrosmog"). Er kann nur mit Wechselspannung betrieben werden.
d) Induktion tritt in jedem Metallstück auf, das sich in einem sich ändernden Magnetfeld befindet. Würde nicht ein Sensor erkennen, dass auf der Herdplatte ein Topf steht, würde auch ein zufällig auf der Platte liegendes Messer erhitzt werden.

A 7: a) Individuelle Lösung.
b) Individuelle Lösung, bei den Vorteilen immer:
Der Bremsvorgang findet berührungslos statt, d. h. dass keine mechanischen Verschleißerscheinungen auftreten.
c) Individuelle Lösung.

A 8: a) *Beobachtung*: Der Magnet wird beim Gleiten über die schräge Kupferplatte abgebremst.
Erklärung: Der rutschende Magnet verändert in seiner Umgebung das Magnetfeld, das die Kupferplatte durchsetzt. Dies führt dazu, dass oberhalb und unterhalb des Magneten auf seiner Bahn jeweils eine Spannung induziert wird. Da die betroffenen Bereiche der Kupferplatte einen geschlossenen Stromkreis darstellen, fließt jeweils oberhalb und unterhalb des Magneten ein Induktionsstrom. Dabei wird die Höhenenergie des Magneten zum Teil in kinetische und zum Teil in elektrische bzw. innere Energie umgewandelt. Der Magnet wird beim Rutschen also nicht so schnell wie auf nichtleitenden Materialien, bei denen kein Induktionseffekt entsteht. Das Abbremsen lässt sich dadurch erklären, dass die Induktionsströme sich so ausbilden, dass deren Magnetfelder den rutschenden Magneten abbremsen.
b) *Beobachtung*: Nähert man den Magneten dem Aluminiumring, so bewegt er sich vom Magneten weg. Zieht man den Magneten aus dem Ring heraus, folgt der Ring dem Magneten.
Erklärung: Durch die Annäherung entsteht in dem Aluminiumring ein Induktionsstrom, der der Ursache seiner Entstehung entgegenwirkt. Die Ursache ist die Zunahme der Stärke des Magnetfelds innerhalb der Ringfläche. Der Strom ist also so gerichtet, dass er ein Magnetfeld erzeugt, das dem äußeren Magnetfeld entgegengerichtet ist.
Beim Wegziehen des Magneten verringert sich die Stärke des Magnetfelds im Ring. Der Strom im Ring fließt nun so, dass sein Magnetfeld die gleiche Richtung hat wie das äußere Magnetfeld. Daher zieht es den Ring in Richtung des Magneten.
c) *Beobachtung*: Die Aluminiumhülle dreht sich in dieselbe Richtung wie der Hufeisenmagnet.
Erklärung: Durch das Drehen des Hufeisenmagneten ändert sich das Magnetfeld an der Aluminiumhülle. Es entsteht ein Induktionsstrom, da die Hülle einen geschlossenen Stromkreis darstellt. Dieser Strom fließt so, dass er die Bewegung des Hufeisenmagneten (= Ursache des Induktionsstroms) behindert. Das bedeutet aber z. B., dass hinter dem sich wegbewegenden Südpol in der Aluhülle ein Nordpol entsteht, der den Magneten zu sich zieht. Andererseits wird dadurch aber die Hülle hinter dem Hufeisenmagneten hergezogen.
d) *Beobachtung*: Sobald die Spule kurzgeschlossen wird, wird die Pendelbewegung des Magneten abgebremst.
Erklärung: Der pendelnde Magnet ändert das Magnetfeld in der Spule. Dadurch wird in der Spule eine Spannung induziert. Sobald man die Spule kurzschließt, ist der Stromkreis geschlossen und es fließt ein Induktionsstrom. Dessen Magnetfeld ist so gerichtet, dass es die Bewegung des Magneten behindert.

A 9: a) Individuelle Lösung.
b) Individuelle Lösung, abhängig von der Orientierung der Spulenwicklungen, z. B. wie in der Grafik:
Beim Einschalten entsteht an der Spule, die mit dem Netzgerät verbunden ist (symbolisiert durch den grauen Block links), ein Nordpol. Die Induktionsspannung an der Induktionsspule ist dann so gerichtet, dass bei einem Kurzschluss auf der linken Seite ebenfalls ein Nordpol entstehen würde. Daher muss die Polung bei dieser Orientierung der Spulenwicklungen so wie gezeichnet sein.

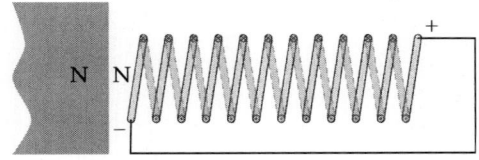

Seite 43

A 1: Individuelle Lösung.

A 2: Schließt man eine Spule an Gleichspannung an, so ändert sich das Magnetfeld nur beim Ein- und Ausschalten des Netzgeräts. Eine Änderung des Magnetfelds ist aber eine zwingende Voraussetzung dafür, dass ein Transformator funktioniert.

A 3: Die Spule in dem Messgerät stellt die Sekundärseite des Transformators dar, die Primärseite ist die Leitung, um die man die Zange des Messgeräts führt. Durch den Wechselstrom, der in den Leitungen fließt, entsteht ein sich änderndes Magnetfeld, das in der Spule, die sich in der Zange befindet, für eine Induktionsspannung sorgt.

A 4: *Geg.*: $N_P = 1000$; $U_S = 3,5$ V; $U_P = 230$ V; $P_S = 2,8$ W
a) *Ges.*: N_S; R_S
Lösung:
$$\frac{U_P}{U_S} = \frac{N_P}{N_S} \Rightarrow N_S = N_P \cdot \frac{U_S}{U_P} = 1000 \cdot \frac{3,5\text{ V}}{230\text{ V}}$$

$$N_S = 15,2 \approx 15$$

$$P_S = U_S \cdot I_S = U_S \cdot \frac{U_S}{R_S}$$

$$\Rightarrow R_S = \frac{U_S^2}{P_S} = \frac{(3,5\text{ V})^2}{2,8\text{ W}} = 4,4\ \Omega$$

b) Bei geringerem Widerstand erhöht sich die Leistung auf der Sekundärseite, da man im Idealfall davon ausgeht, dass sich die Spannung auf der Sekundärseite dadurch nicht ändert. Dann gilt aber für die Leistung auf der Sekundärseite (siehe Aufg. a):

$$P_S = \frac{U_S^2}{R_S}.$$

Schließt man auf der Sekundärseite einen größeren Widerstand an, so verringert sich die Leistung auf dieser Seite.

A 5: Individuelle Lösung.

A 6: Transformatoren funktionieren prinzipiell in beide Richtungen, d. h.: Die Festlegung, was Primärseite (= Einspeiseseite) und Sekundärseite (= Abnehmerseite) ist, erfolgt dadurch, auf welcher Seite eine Elektrizitätsquelle angeschlossen ist.
Bei der genannten Art von Transformator befindet sich auf einer Seite ein Netzstecker mit offenliegenden Kontakten. Das ist die vom Hersteller vorgesehene Primärseite. Wird nun auf der Sekundärseite (der Seite ohne den Stecker) eine Wechselspannungsquelle angeschlossen, so entsteht auf der Primärseite an den offenen Kontakten des Steckers eine höhere Spannung. Bei vorgesehenen Spannungen von 230 V auf der Primärseite und 12 V auf der Sekundärseite beträgt das Übersetzungsverhältnis zwischen den Spannungen $U_P : U_S \approx 20 : 1$.

Zieht man nun beim ersten Trafo den Stecker, so würde ein auf der Sekundärseite parallel angeschlossener gleichartiger Trafo eine Spannungsquelle mit 12 V~ darstellen. Nun wäre auf der Sekundärseite eine Spannung von 12 V~ vorhanden, die nun in umgekehrter Weise transformiert wird. Über das Windungszahlenverhältnis würde diese Spannung auf der (vormaligen) Primärseite des ersten Trafos eine Spannung von 230 V~ ergeben, die dann an den offenen Steckerstiften anliegen würde. Das wäre lebensgefährlich!

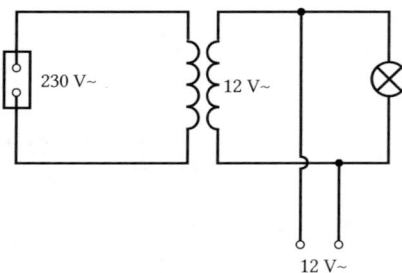

A 7: a) Da auf der Sekundärseite die Hochspannung entstehen soll, muss dort auch die höhere Windungszahl sein, also: Primärseite 500 Windungen, Sekundärseite 23 000 Windungen.
Spannung auf der Sekundärseite:

$$\frac{U_S}{U_P} = \frac{N_S}{N_P} \Rightarrow U_S = \frac{N_S}{N_P} \cdot U_P = \frac{23\,000}{500} \cdot 230\text{ V}$$
$$= 10\,580\text{ V} = 11{,}0\text{ kV}$$

b) Maximale Leistung Primärseite:

$$P_{P,max} = U_P \cdot I_P = 230\text{ V} \cdot 16\text{ A} = 3680\text{ W}$$

Maximale Stromstärke Sekundärseite:

$$P_{S,max} = U_S \cdot I_S = P_{P,max}$$
$$\Rightarrow I_{S,max} = \frac{P_{P,max}}{U_S} = \frac{3680\text{ W}}{10\,580\text{ V}} = 348\text{ mA}$$

Angeschlossener Widerstand:

$$R_S = \frac{U_S}{I_S} = \frac{10\,580\text{ V}}{348\text{ mA}} = 30{,}4\text{ k}\Omega$$

A 8: a) Nimmt man die Haushaltsspannung als Primärspannung eines Transformators, so kann man diese Spannung mit einem Transformator heruntertransformieren, d. h. dass auf der Sekundärseite eine geringere Spannung entsteht. Geht man von einem idealen Transformator aus, so wird die gesamte elektrische Energie von der Primärseite zur Sekundärseite übertragen. Das bedeutet auch, dass die Leistungen auf der Primär- und der Sekundärseite gleich groß sind. Da die elektrische Leistung das Produkt aus Spannung und Stromstärke ist, kann man nun auf der Sekundärseite eine höhere Stromstärke erhalten.
b) Ein Hochstromtransformator transformiert die Spannung auf der Primärseite auf einen geringeren Wert auf der Sekundärseite. Damit trotz dieser geringeren Spannung große Ströme fließen, muss nun auf der Sekundärseite ein geringer Widerstand abgeschlossen werden.
Beispiel: Wird die Haushaltsspannung von 230 V~ auf 12 V~ heruntertransformiert, so wird die maximale Leistung bei einer 16-A-Sicherung auf der Primärseite erreicht bei einer Stromstärke von

$$I_S = 230\text{ V} \cdot \frac{16\text{ A}}{12\text{ V}} = 306\text{ A}.$$

Der Widerstand auf der Sekundärseite darf dann nur noch

$$R_S = \frac{U_S}{I_S} = \frac{12\text{ V}}{306\text{ A}} = 0{,}04\text{ }\Omega$$

betragen.

Seite 47

A 1: Individuelle Lösung.

A 2: Individuelle Lösung.

A 3: Individuelle Lösung.

A 4: Individuelle Lösung.

A 5: Individuelle Lösung.

2 Impulserhaltung

Seite 57

A 1: a) $v = 20 \frac{\text{km}}{\text{h}} = 5{,}556 \frac{\text{m}}{\text{s}}$ $m = 80$ kg,
$p = m \cdot v = 80$ kg $\cdot 5{,}556 \frac{\text{m}}{\text{s}} = 444$ Ns $= 0{,}44$ kNs
b) $v = 120 \frac{\text{km}}{\text{h}} = 33{,}33 \frac{\text{m}}{\text{s}}$ $m = 1500$ kg,
$p = m \cdot v = 1500$ kg $\cdot 33{,}33 \frac{\text{m}}{\text{s}} = 50000$ Ns $= 50{,}0$ kNs
c) $v = 60 \frac{\text{km}}{\text{h}} = 16{,}67 \frac{\text{m}}{\text{s}}$ $m = 7500$ kg
$p = m \cdot v = 7500$ kg $\cdot 16{,}67 \frac{\text{m}}{\text{s}} = 125\,000$ Ns $= 125$ kNs
d) $v = 20 \frac{\text{m}}{\text{s}}$ $m = 440$ g $= 0{,}440$ kg
$p = m \cdot v = 0{,}440$ kg $\cdot 20 \frac{\text{m}}{\text{s}} = 8{,}8$ Ns
e) $v = 5 \frac{\text{m}}{\text{s}}$ $m = 57$ g $= 0{,}057$ kg
$p = m \cdot v = 0{,}057$ kg $\cdot 5 \frac{\text{m}}{\text{s}} = 0{,}285$ Ns $= 0{,}3$ Ns
f) $v = 7 \frac{\text{m}}{\text{s}}$ $m = 2{,}85$ kg
$p = m \cdot v = 2{,}85$ kg $\cdot 7 \frac{\text{m}}{\text{s}} = 20$ Ns

A 2: a) $p = m \cdot v = 5{,}0$ kg $\cdot 8{,}2 \frac{\text{m}}{\text{s}} = 41$ Ns
Objekt: Kugel beim Kugelstoßen (Jugend 16–17 Jahre, männlich)
b) $p = m \cdot v = 480$ kg $\cdot 6{,}00 \frac{\text{m}}{\text{s}} = 2880$ Ns $= 2{,}88$ kNs
Objekt: beladener Pkw-Anhänger beim Einfahren in eine Hofeinfahrt
c) $p = m \cdot v = 180\,000$ kg $\cdot 4300 \frac{\text{m}}{\text{s}} = 0{,}77 \cdot 10^9$ Ns
Objekt: Trägerakete für Satelliten
d) $p = m \cdot v = 0{,}0065$ kg $\cdot 875 \frac{\text{m}}{\text{s}} = 5{,}7$ Ns
Objekt: Gewehrkugel
e) $p = m \cdot v = 0{,}0785$ kg $\cdot 0{,}0042 \frac{\text{m}}{\text{s}} = 0{,}00033$ Ns
Objekt: Schnecke
f) $p = m \cdot v = 7{,}346 \cdot 10^{22}$ kg $\cdot 1022 \frac{\text{m}}{\text{s}} = 7{,}508 \cdot 10^{25}$ Ns
Objekt: Mond
g) $p = m \cdot v = 5{,}98 \cdot 10^{24}$ kg $\cdot 30\,000 \frac{\text{m}}{\text{s}} = 1{,}79 \cdot 10^{29}$ Ns
Objekt: Erde
f) $p = m \cdot v = 1{,}67 \cdot 10^{-27}$ kg $\cdot 30\,000\,000 \frac{\text{m}}{\text{s}} = 5{,}01 \cdot 10^{-20}$ Ns
Objekt: Proton

A 3: a) Da in der Formel zur Berechnung des Impulsbetrags auch die Masse enthalten ist, hat z. B. ein Körper der Masse 1 kg bei einer Geschwindigkeit von 1 $\frac{\text{m}}{\text{s}}$ den gleichen Impuls wie ein Körper der Masse 0,5 kg bei einer Geschwindigkeit von 2 $\frac{\text{m}}{\text{s}}$.
b) Bewegt sich ein Körper mit der Masse 2 kg mit der Geschwindigkeit 1 $\frac{\text{m}}{\text{s}}$, so hat er den Impuls 1 Ns; seine kinetische Energie ist 0,5 J. Ein Körper der Masse 2 kg hat bei einer Geschwindigkeit von 0,5 $\frac{\text{m}}{\text{s}}$ ebenfalls den Impuls 1 Ns, aber die kinetische Energie 0,25 J.
c) In der Formel für den Impulsbetrag taucht die Geschwindigkeit als linearer Faktor auf, daher ist der Impulsbetrag bei gleicher Masse direkt proportional zum Betrag der Geschwindigkeit. In der Formel für die kinetische Energie erscheint der Geschwindigkeitsbetrag als quadratischer Term, daher ist bei doppeltem Geschwindigkeitsbetrag die kinetische Energie viermal so groß.
d) Wenn man bei gleicher Masse (= gleicher Körper) die kinetische Energie halbiert, so kann man folgenden Ansatz machen:

$E_{\text{kin,nach}} = \frac{1}{2} \cdot E_{\text{kin, vor}}$

$\Rightarrow \frac{1}{2} \cdot m \cdot v_{\text{nach}}^2 = \frac{1}{2} \cdot \frac{1}{2} \cdot m \cdot v_{\text{vor}}^2$

$\Rightarrow v_{\text{nach}} = \sqrt{0{,}5} \, v_{\text{vor}} \approx 0{,}7 \, v_{\text{vor}}$

Da der Impuls direkt proportional zum Betrag der Geschwindigkeit ist, folgt daraus unmittelbar die Aussage.

A 4: Zu Bild **B2**, Seite 53:
a) Wird die ruhende 10-ct-Münze durch die schwerere 1-€-Münze ersetzt, so wird der Geschwindigkeitspfeil der 1-€-Münze nach dem Stoß kürzer sein als der Geschwindigkeitspfeil der 10-ct-Münze im Bild, da bei angenommener gleicher Kraftwirkung mehr Masse beschleunigt werden muss. Nach dem zweiten newtonschen Gesetz ist daher die Beschleunigung geringer, somit bei gleicher Beschleunigungszeit auch die erreichte Endgeschwindigkeit geringer. Nimmt man an, dass die Richtung der Kräfte identisch ist, ergibt sich etwa die Situation (Massenverhältnis „10 ct" : „1 €" ≈ 0,5), wie sie die verkürzten Pfeile in dem o. g. Bild darstellen.

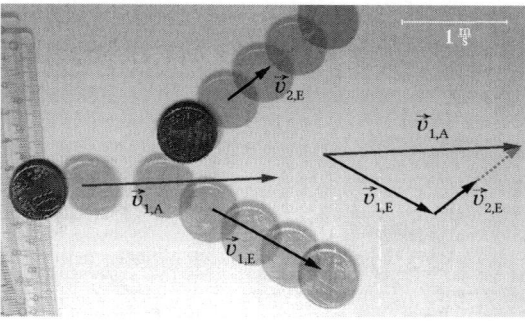

Bei einer 2-ct-Münze anstelle der ruhenden 10-ct-Münze ist die Situation quasi umgekehrt, das Massenverhältnis hier beträgt etwa „10 ct" : „2 ct" ≈ 1,3.
In beiden Bildern ergibt die Pfeiladdition der Geschwindigkeitspfeile nicht den Geschwindigkeitspfeil der stoßenden Münze.

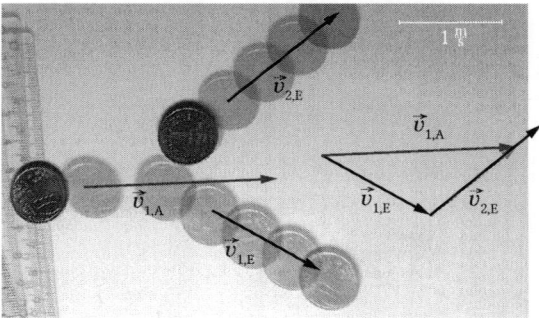

Zu Bild **B4**, Seite 55:
Die Geschwindigkeitsbeträge werden mit den jeweiligen Massen multipliziert. Die Situation von Bild **B4** ändert sich somit nicht:

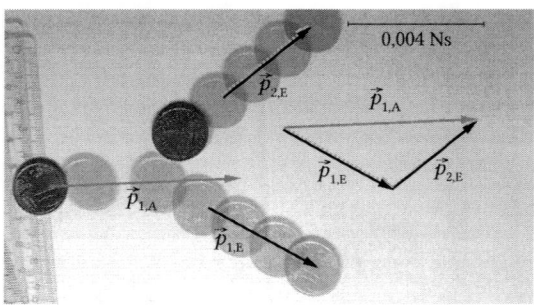

A 5: a) ① Die Impulspfeile von Lukas, dem Ball und Scarlett haben jeweils vor dem Wurf die Länge null, da sich beide sowie der Ball auf ihren Skateboards nicht bewegen.
② Nachdem Lukas den Ball geworfen hat, hat der Ball einen Impuls ungleich null. Der Impulspfeil von Lukas zeigt in die entgegengesetzte Richtung zum Impulspfeil des Balles. Also bewegt sich Lukas nun in entgegengesetzter Richtung wie der Ball. Scarlett bleibt weiterhin in Ruhe.
③ Nachdem Scarlett den Ball gefangen hat, hat sie auch den Impuls des Balles mit übernommen. Die Impulspfeile von Scarlett und dem Ball haben nun nicht mehr die Länge null.
b) Lukas bewegt sich nach dem Abwurf des Balles in entgegengesetzter Richtung wie der Ball, allerdings aufgrund seiner höheren Masse mit geringerer Geschwindigkeit. Scarlett bewegt sich nach dem Fangen des Balles in der gleichen Richtung wie der Ball, aber aufgrund ihrer höheren Masse ebenfalls mit geringerer Geschwindigkeit.
c) Individuelle Lösung.

A 6: a)

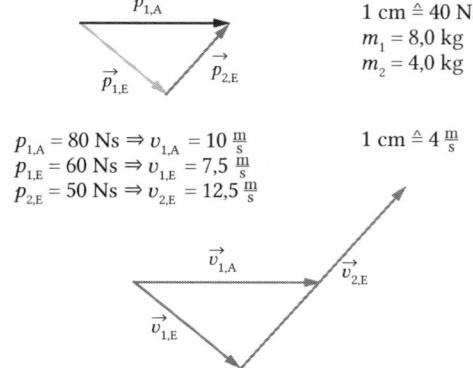

b)

1 cm ≙ 40 Ns
$m_1 = 8{,}0$ kg
$m_2 = 4{,}0$ kg

$p_{1,A} = 80$ Ns $\Rightarrow v_{1,A} = 10\,\frac{m}{s}$
$p_{1,E} = 41$ Ns $\Rightarrow v_{1,E} = 5{,}1\,\frac{m}{s}$
$p_{2,E} = 80$ Ns $\Rightarrow v_{2,E} = 20\,\frac{m}{s}$

1 cm ≙ 4 $\frac{m}{s}$

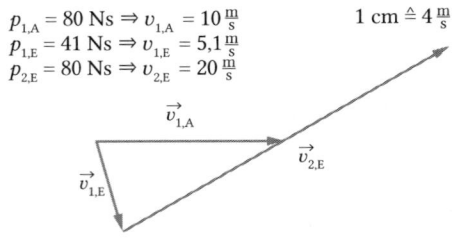

c)

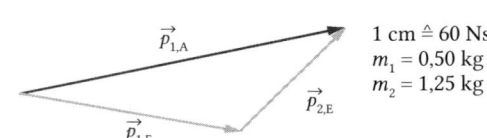

1 cm ≙ 60 Ns
$m_1 = 0{,}50$ kg
$m_2 = 1{,}25$ kg

$p_{1,A} = 260$ Ns $\Rightarrow v_{1,A} = 530\,\frac{m}{s}$
$p_{1,E} = 180$ Ns $\Rightarrow v_{1,E} = 360\,\frac{m}{s}$
$p_{2,E} = 120$ Ns $\Rightarrow v_{2,E} = 96\,\frac{m}{s}$

1 cm ≙ 100 $\frac{m}{s}$

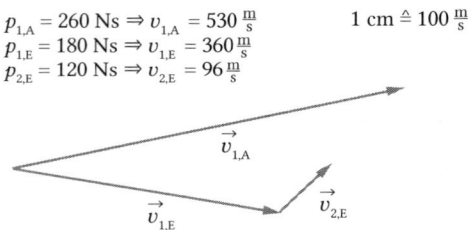

Seite 61

A 1: Damit sich der Geschwindigkeitspfeil des Tennisfeils stark ändert, muss auf den Ball eine große Kraft wirken. Aufgrund des Wechselwirkungsprinzips wirkt dann auf den Schläger und den damit verbundenen Arm ebenfalls eine große Kraft. Diese kann über die Hebelwirkung des Schlägers zu einer Überlastung führen.

A 2: Individuelle Lösung, z. B.:
a) Der Wind (strömende Luftmassen) übt eine Kraft auf die Rotorblätter aus. Umgekehrt üben die Rotorblätter eine Kraft in entgegengesetzter Richtung aus und bremsen die Luftbewegung.

1 cm ≙ 40 Ns
$m_1 = 8{,}0$ kg
$m_2 = 4{,}0$ kg

$p_{1,A} = 80$ Ns $\Rightarrow v_{1,A} = 10\,\frac{m}{s}$
$p_{1,E} = 60$ Ns $\Rightarrow v_{1,E} = 7{,}5\,\frac{m}{s}$
$p_{2,E} = 50$ Ns $\Rightarrow v_{2,E} = 12{,}5\,\frac{m}{s}$

1 cm ≙ 4 $\frac{m}{s}$

2 Impulserhaltung

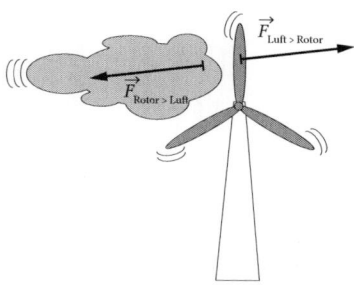

b) Der linke Magnet zieht den rechten Magneten an; umgekehrt zieht der rechte Magnet den linken Magneten mit einer gleich großen entgegengesetzt gerichteten Kraft an.

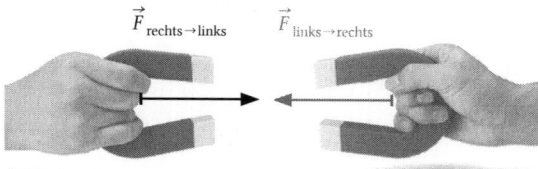

c) Der auffahrende Wagen übt eine Kraft auf den vorderen Wagen aus, wodurch dieser verformt wird. Umgekehrt übt der vordere Wagen beim Aufprall eine Kraft auf den hinteren Wagen aus, wodurch dieser ebenfalls verformt wird.

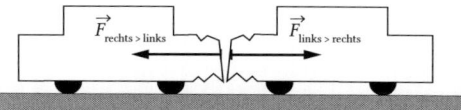

d) Die Sprinterin übt eine Kraft auf den Startblock aus, dieser wiederum übt eine Kraft in entgegengesetzter Richtung auf die Sprinterin aus, die dadurch beschleunigt wird.

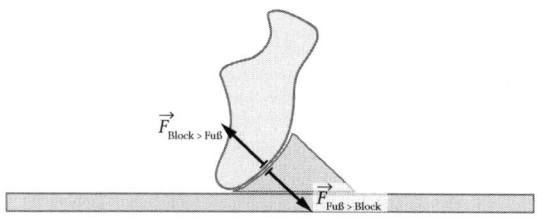

e) Die junge Frau übt beim Absprung eine Kraft auf das Boot aus, das daurch beschleunigt wird. Umgekehrt übt das Boot auf die Frau eine Kraft in entgegengesetzter Richtung aus. Skizze: siehe 2d.

A 3: Individuelle Lösung. Bei der Analyse sollten die jeweils beobachtbaren Änderungen der Geschwindigkeitspfeile zur Argumentation herangezogen werden. Andere Alltagssituationen sind z. B. Sprung vom Skateboard, Sprung in ein Boot, Abstoßen vom Sessel eines Skilifts, ...

A 4: In Bild **B2b** müssen die Hände jeweils einen Ausgleich zu den magnetischen Kräften erzeugen, mit denen die Hufeisenmagnete sich gegenseitig anziehen, da sonst die Magnete sich aufeinanderzu bewegen würden.

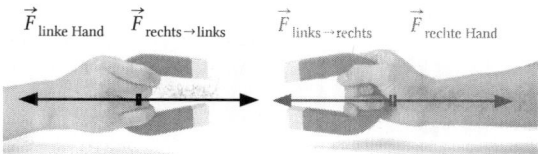

In Bild **B2d** muss der Boden einen Kräfteausgleich zu der Kraft bewirken, mit der der Fuß der Läuferin gegen den Startblock drückt. Ansonsten würde der Startblock nach hinten weg beschleunigt werden.

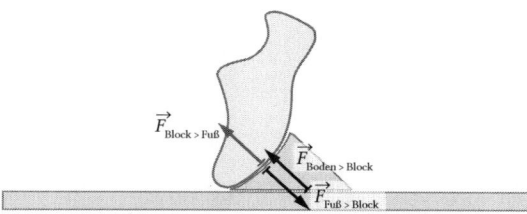

A 5: Um nach vorne zu beschleunigen, muss vom Untergrund eine Kraft auf das Fahrzeug nach vorne ausgeübt werden. Im gleichen Moment wirkt eine entgegengesetzt gerichtete gleich große Kraft auf den Untergrund. Besteht dieser aus Steinen geringer Masse, so werden diese Steine stark beschleunigt und weg geschleudert.
Skizze analog zur Skizze bei Aufgabe 2d.

A 6: a) Will man selbst zur Tür laufen, so muss man zunächst nach vorne beschleunigen, d. h. der Teppich muss eine Kraft nach vorne ausüben. Umgekehrt übt man dann selbst eine Kraft auf den Teppich aus, die nach hinten wirkt. Wird diese Kraft nicht ausgeglichen, wird der Teppich in die entgegengesetzte Richtung beschleunigt und rutscht weg.
Skizze analog zur Skizze bei Aufgabe 4 zu Bild **B2d.**
b) Drücken die Bremsbacken gegen die Felge, so üben sie auf die Felge eine Kraft entgegen der Drehrichtung aus. Umgekehrt übt die Felge dann eine Kraft in Fahrtrichtung auf die Bremsbacken aus. Wären diese nicht am Rahmen befestigt, würde sie nach vorne weggeschleudert werden.

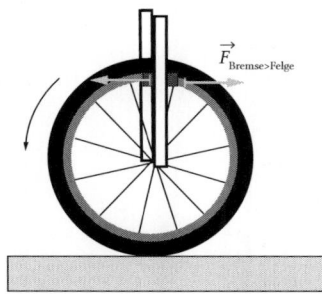

c) Beim Sprung von der Gartenbank muss diese eine Kraft nach vorne auf mich ausüben. Umgekehrt übe ich dann selbst eine Kraft in der entgegengesetzten Richtung auf die Bank aus. Würde diese Kraft nicht ausgeglichen, so würde die Bank wegrutschen.
Skizze analog zur Skizze bei Aufgabe 4 zu Bild **B2d**.

A 7: Die Mannschaft im grünen Trikot übt tatsächlich die gleiche Kraft auf die Mannschaft im roten Trikot aus wie umgekehrt. Die Mannschaft im grünen Trikot bleibt solange an ihrem Ort, solange sie es schafft, durch den Kontakt mit dem Boden die Zugkraft der Mannschaft im roten Trikot auszugleichen. Umgekehrt gilt das für die rote Mannschaft auch. Es gilt also z. B. für die grüne Mannschaft, die Kontaktkraft zum Boden so weit zu erhöhen, dass sie diejenige, die bisher bei der roten Mannschaft für den Ausgleich sorgte, übersteigt. Dann besteht bei der roten Mannschaft kein Kräftegleichgewicht mehr und sie muss ihre Position aufgeben.

Seite 67

A 1: a) Es handelt sich um einen vollkommen inelastischen Stoß, da Skateboard und Person sich mit gleicher Geschwindigkeit in der gleichen Richtung weiterbewegen.
b) Es handelt sich um einen vollkommen inelastischen Stoß, da Skateboard und Person sich mit gleicher Geschwindigkeit in der gleichen Richtung weiterbewegen.
c) Es kann sich um einen vollkommen elastischen Stoß handeln, wenn dabei die kinetische Energie erhalten bleibt.
d) Es kann sich um einen vollkommen elastischen Stoß handeln, wenn dabei die kinetische Energie erhalten bleibt.
e) Es handelt sich um einen vollkommen inelastischen Stoß, da Boot und Person sich vorher mit gleicher Geschwindigkeit (hier: Betrag null) in der gleichen Richtung bewegten.
f) Es handelt sich um einen vollkommen inelastischen Stoß, da Boot und Person sich vorher mit gleicher Geschwindigkeit in der gleichen Richtung bewegten.
g) Es kann sich um einen vollkommen elastischen Stoß handeln, wenn dabei die kinetische Energie erhalten bleibt. Weder Ball noch Schläger haben vor oder nach dem Stoß den gleichen Geschwindigkeitspfeil.
h) Je nachdem, ob der Hammer abprallt oder mit dem Nagel mitgeht, kann es sich um einen elastischen Stoß handeln (Hammer prallt ab) oder um einen inelastischen Stoß (Hammer geht mit dem Nagel mit).

A 2: Individuelle Lösung, z. B.:
a) Pfeilschuss auf Zielscheibe, Sprung auf Schaukel oder von der Schaukel
b) Tritt auf Fußball, Schlag auf Tischtennisball
c) Verkehrsunfall

A 3: Bei einem vollkommen inelastischen Stoß hatten die beiden Stoßpartner entweder vor oder nach dem Stoß den gleichen Geschwindigkeitspfeil. Beim vollkommen inelastischen Stoß muss die kinetische Energie erhalten bleiben, das kann nur durch Messungen und Rechnungen nachgewiesen werden.

A 4: a) Bei der Landung tritt man mit der Schaukel in Wechselwirkung, wodurch sich die Geschwindigkeiten beider Partner ändern. Damit sind die Kennzeichen eines Stoßes gegeben. Es handelt sich um einen vollkommen inelastischen Stoß, da man sich mit der Schaukel anschließend gemeinsam weiter bewegt.
b) Individuelle Lösung, abhängig von der Personenmasse. Z. B. mit $m_P = 75$ kg:
Man setzt zunächst die Impulserhaltung an.

$m_S = 9{,}0$ kg; $\quad m_P = 75$ kg; $\quad v_{P,A} = 3{,}5 \frac{m}{s}$; $\quad v_{S,A} = 0 \frac{m}{s}$;

$m_S \cdot v_{S,A} + m_P \cdot v_{P,A} = m_S \cdot v_{S,E} + m_P \cdot v_{P,E}$; $\quad v_{S,E} = v_{P,E}$

$75 \text{ kg} \cdot 3{,}5 \frac{m}{s} = (9{,}0 \text{ kg} + 75 \text{ kg}) \cdot v_{S,E}$

$v_{S,E} = \frac{75 \text{ kg} \cdot 3{,}5 \frac{m}{s}}{9{,}0 \text{ kg} + 75 \text{ kg}} = 3{,}125 \frac{m}{s}$

$\Rightarrow v_{S,E} = 3{,}1 \frac{m}{s}$

c) Man setzt für die Schaukel (inkl. Person) die Energiebilanz an:

$E_{H,unten} + E_{kin, unten} = E_{H,oben} + E_{kin, oben}$

$E_{H,unten} = 0 \text{ J}; \quad E_{kin, oben} = 0 \text{ J}$

$\Rightarrow \frac{1}{2} \cdot m \cdot v_{S,E}^2 = m \cdot g \cdot h \quad \Rightarrow \quad h = \frac{\frac{1}{2} \cdot v_{S,E}^2}{g}$

$\Rightarrow h = \frac{\frac{1}{2} \cdot (3{,}125 \frac{m}{s})^2}{9{,}81 \frac{m}{s^2}} = 0{,}4977 \text{ m} = 0{,}50 \text{ m}$

d) $\Delta t = 0{,}2$ s; $\quad v_{P,E} = 2{,}0 \frac{m}{s}$; $\quad v_{P,A} = 0 \frac{m}{s}$;
$v_{S,A} = 0 \frac{m}{s}$; $\quad m_S = 9{,}0$ kg; $\quad m_P = 75$ kg

Man setzt zunächst die Impulserhaltung an:

$m_S \cdot v_{S,A} + m_P \cdot v_{P,A} = m_S \cdot v_{S,E} + m_P \cdot v_{P,E}$; $\quad v_{S,E} = v_{P,E}$

$0 \text{ Ns} = 9{,}0 \text{ kg} \cdot v_{S,E} + 75 \text{ kg} \cdot 2{,}0 \frac{m}{s}$

$\Rightarrow \frac{-75 \text{ kg} \cdot 2{,}0 \frac{m}{s}}{9{,}0 \text{ kg}} = v_{S,E} \quad \Rightarrow \quad v_{S,E} = -16{,}67 \frac{m}{s}$

Anschließend setzt man für die Schaukel die Energieerhaltung an:

$E_{H,unten} + E_{kin, unten} = E_{H,oben} + E_{kin, oben}$

$E_{H,unten} = 0 \text{ J}; \quad E_{kin, oben} = 0 \text{ J}$

$\frac{1}{2} \cdot m \cdot v_{S,E}^2 = m \cdot g \cdot h \quad \Rightarrow \quad h = \frac{\frac{1}{2} \cdot v_{S,E}^2}{g}$

$\Rightarrow h = \frac{\frac{1}{2} \cdot (-16{,}67 \frac{m}{s})^2}{9{,}81 \frac{m}{s^2}} = 14{,}16 \text{ m} = 14 \text{ m}.$

Dieser Wert ist unrealistisch, d. h. Sie werden beim Absprung diese Geschwindigkeit nicht erreichen.

2 Impulserhaltung

A 5: a) $\varrho_A = 3{,}5 \frac{g}{cm^3} = 3{,}5 \frac{kg}{dm^3} = 3{,}5 \cdot 10^3 \frac{kg}{m^3}$,

$v_A = 20 \frac{km}{s} = 20\,000 \frac{m}{s}$, $\quad m_e = 5{,}98 \cdot 10^{24}$ kg,

$v_A = 500$ km$^3 = 500 \cdot 10^9$ m^3,

$m_A = \varrho_A \cdot v_A = 3{,}5 \cdot 10^3 \frac{kg}{m^3} \cdot 500 \cdot 10^9$ m$^3 = 17{,}5 \cdot 10^{14}$ kg

Impulserhaltung:

$m_A \cdot v_{A,A} + m_E \cdot v_{E,A} = m_A \cdot v_{A,E} + m_E \cdot v_{E,E}; \quad v_{A,E} = v_{E,E}$

$17{,}5 \cdot 10^{14}$ kg $\cdot 20\,000 \frac{m}{s} = (m_A + m_E) \cdot v_{E,E}$

$\Rightarrow v_{E,E} = \dfrac{17{,}5 \cdot 10^{14} \text{ kg} \cdot 20\,000 \frac{m}{s}}{5{,}98 \cdot 10^{24} \text{ kg}}$

$= 5{,}8 \cdot 10^{-6} \frac{m}{s} = 0{,}000\,0058 \frac{m}{s}$

b) Der Betrag der Geschwindigkeitsänderung erscheint im Vergleich zur Bahngeschwindigkeit der Erde auf ihrem Umlauf um die Sonne äußerst gering.

A 6: a) Beide Billiardkugeln haben die gleiche Masse. Da Kugel ② nach dem Stoß eine Geschwindigkeit vom gleichen Betrag wie Kugel ① vor dem Stoß hatte, ist der Impuls von Kugel ② nach dem Stoß genauso groß wie der von Kugel ① vor dem Stoß. Aufgrund des Impulserhaltungssatzes muss dann Kugel ① nach dem Stoß den Impuls null besitzen – gleichbedeutend damit, dass diese Kugel nach dem Stoß ruht.

b) Die Summe der kinetischen Energien von Kugel ① und Kugel ② sind vor und nach dem Stoß gleich. Das ist zusammen mit der Impulserhaltung das Kennzeichen eines vollkommen elastischen Stoßes.

A 7: Individuelle Lösung.

3 Bewegungen modellieren

Seite 79

A 1: Individuelle Lösung.
Oft interessiert nur, wie viel Zeit man von einem Ort zum anderen benötigt bzw. mit welcher durchschnittlichen Geschwindigkeit man auf der Strecke rechnen kann. Dabei spielen Details der Streckenführung keine Rolle.

A 2: a)

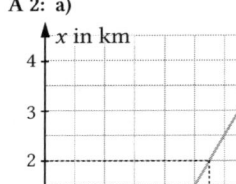

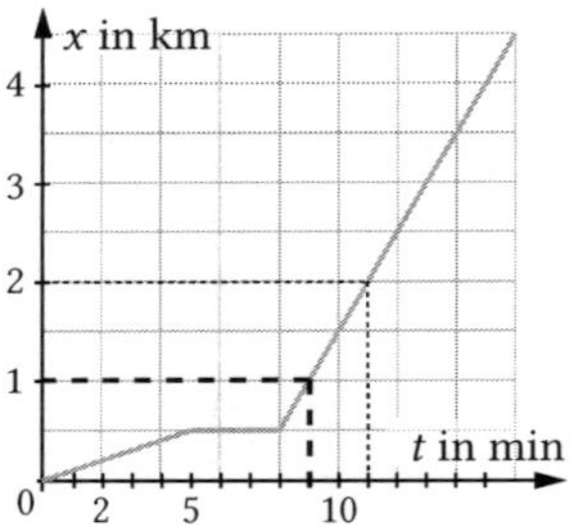

gestrichelte Linie: $x = 1$ km
gepunktete Linie $t = 11$ min

b)

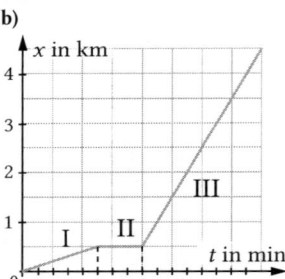

Abschnitt I:
$0 < t < 5$ min: $v = \frac{0{,}5 \text{ km}}{5 \text{ min}} = \frac{500 \text{ m}}{300 \text{ s}} = 1{,}7 \frac{\text{m}}{\text{s}} = 2 \frac{\text{m}}{\text{s}}$,
vermutlich zu Fuß;

Abschnitt II:
$5 \text{ min} < t < 8 \text{ min}$: $v = \frac{0 \text{ km}}{5 \text{ min}} = 0 \frac{\text{m}}{\text{s}}$,
Stillstand;

Abschnitt III:
$8 \text{ min} < t < 16 \text{ min}$: $v = \frac{4{,}5 \text{ km} - 0{,}5 \text{ km}}{16 \text{ min} - 8 \text{ min}} = \frac{4000 \text{ m}}{480 \text{ s}}$
$= 8{,}3 \frac{\text{m}}{\text{s}} = 8 \frac{\text{m}}{\text{s}}$,
vermutlich mit dem Fahrrad.

Mittlere Geschwindigkeit gesamter Schulweg:
$v = \frac{4{,}5 \text{ km}}{16 \text{ min}} = \frac{4500 \text{ m}}{960} \text{s} = 4{,}7 \frac{\text{m}}{\text{s}} = 5 \frac{\text{m}}{\text{s}}$.

A 3: a)

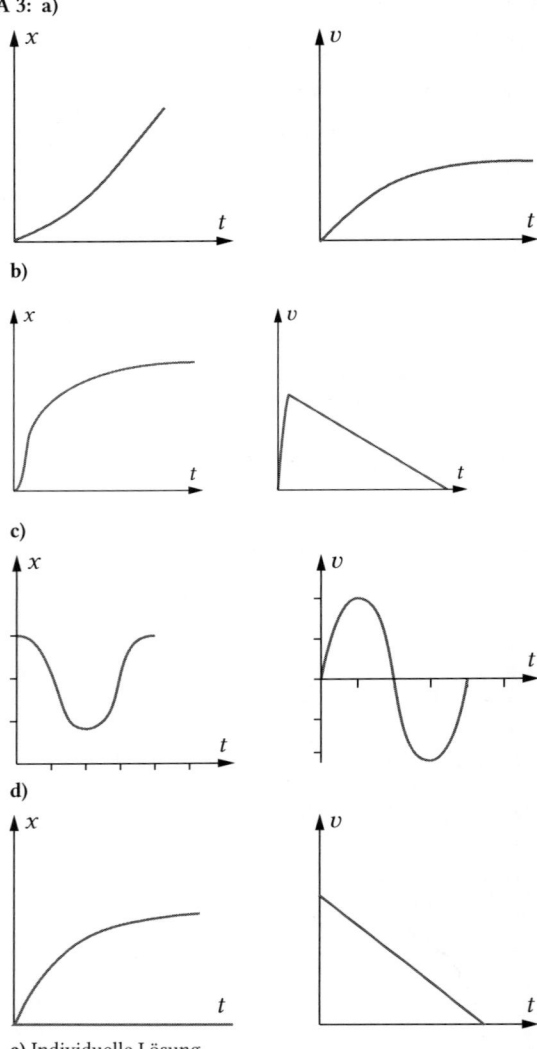

e) Individuelle Lösung.

A 4: Individuelle Lösung.

3 Bewegungen modellieren

A 5: a) Diagramm:

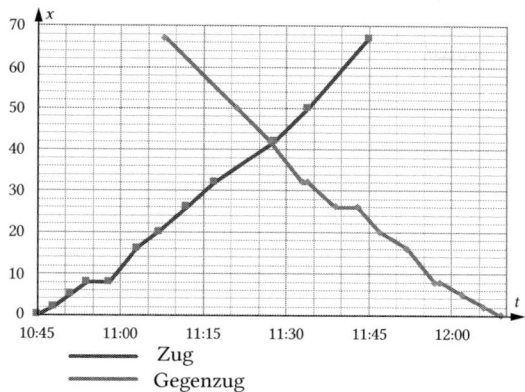

Erläuterung:
Die Züge treffen sich zwischen Radersdorf und Schrobenhausen. Zur Vermeidung eines Zusammenstoßes muss die Strecke also mindestens in diesem Abschnitt zweigleisige Passagen aufweisen. Über die Kommunikation der Züge und die entsprechend geschaltete Signalanlage muss sichergestellt werden, dass genau diese Passagen beim Treffen genutzt werden. Falls Verspätungen o. Ä. es erfordern, muss ein längerer Halt des Zuges, z. B. im Bahnhof Schrobenhausen, eingeplant werden.

b) Das Diagramm liefert den Hinweis, in welchen Abschnitten die Züge jeweils am schnellsten fahren. Es sind die Abschnitte im Diagramm, in denen der Graph am steilsten verläuft.
Die Tabelle gibt jeweils die (mittleren) Geschwindigkeiten in $\frac{km}{min}$ zwischen zwei aufeinanderfolgenden Haltestellen an (jeweils bei der zeitlich späteren Haltestelle angegeben):

Haltestelle	Geschwindigkeit in $\frac{km}{min}$	
	Hinfahrt	Rückfahrt
Augsburg	----	0,67
A.-Haunstetterstr.	0,67	0,75
A.-Hochzoll	1,0	0,75
Friedberg	1,0	1,6
Dasing	1,6	0,8
Obergriesbach	1,0	1,0
Aichach	1,2	1,2
Radersdorf	1,2	1,7
Schrobenhausen	0,90	1,3
Brunnen	1,3	1,3
Ingolstadt	1,5	----

Daraus liest man ab:
Augsburg → Ingolstadt: höchste Geschwindigkeit von ca. 1,6 $\frac{km}{min}$ zwischen Friedberg und Dasing;
Ingolstadt → Augsburg: höchste Geschwindigkeit von ca. 1,7 $\frac{km}{min}$ zwischen Schrobenhausen und Radersdorf.
c) Individuelle Lösung.

A 6:

Zuordnung	Skalierung der v-Achse
A → 3	1 Einheit (2 Kästchen) $\hat{=}$ 0,05 $\frac{m}{s}$
B → 1	1 Einheit (2 Kästchen) $\hat{=}$ 0,50 $\frac{m}{s}$
C → 2	1 Einheit (2 Kästchen) $\hat{=}$ 0,20 $\frac{m}{s}$

A 7: Mit dem Startort $x(0\,s) = 0$ m ergibt sich:

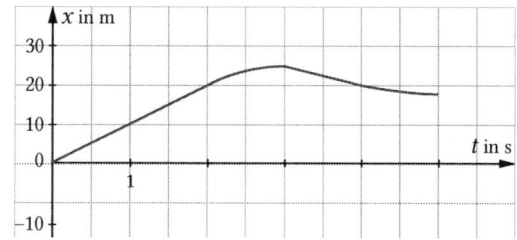

Hinweis: 1 Flächeneinheit (1 Kästchen) des dargestellten Diagramms entspricht einer zurückgelegten Strecke von 1,25 m.

A 8: Individuelle Lösung.

Seite 84/85

A 1: a) Diagramm:

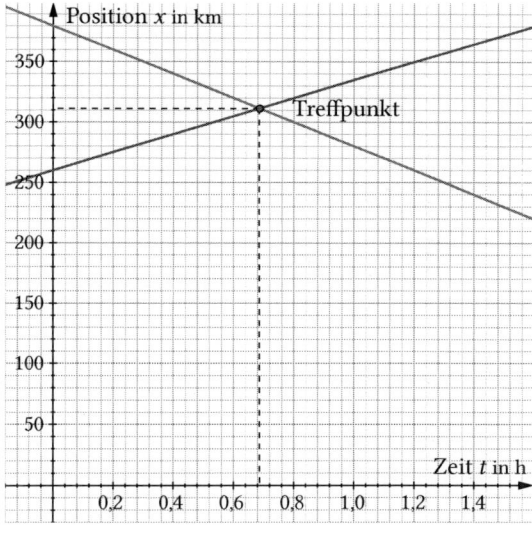

Die beiden Fahrzeuge begegnen sich nach ca. 0,68 h Fahrzeit.
b) $x_P(t) = -100\,\frac{km}{h} \cdot t + 380$ km
$x_L(t) = 75\,\frac{km}{h} \cdot t + 260$ km

c) Pkw: Setze $x_P = 0$ km.

$$0 \text{ km} = -100\frac{\text{km}}{\text{h}} \cdot t + 380 \text{ km}$$

$$\Rightarrow t = \frac{-380 \text{ km}}{-100 \frac{\text{km}}{\text{h}}} = 3{,}8 \text{ h}$$

Lkw: Setze $x_L = 530$ km.

$$530 \text{ km} = 75 \frac{\text{km}}{\text{h}} \cdot t + 260 \text{ km}$$

$$\Rightarrow t = \frac{530 - 260 \text{ km}}{75 \frac{\text{km}}{\text{h}}} = 3{,}6 \text{ h}$$

Der Lkw erreicht sein Ziel zuerst.

A 2: a) $a = \dfrac{v_{\text{nach}} - v_{\text{vor}}}{\Delta t} = \dfrac{83{,}3 \frac{\text{m}}{\text{s}}}{45 \text{ s}} = 1{,}9 \frac{\text{m}}{\text{s}^2}$

$x(t) = \frac{1}{2} \cdot 1{,}9 \frac{\text{m}}{\text{s}^2} \cdot t^2 = 0{,}95 \frac{\text{m}}{\text{s}^2} \cdot t^2$

$v(t) = 1{,}9 \frac{\text{m}}{\text{s}^2} \cdot t$

b) $x(5 \text{ s}) = \frac{1}{2} \cdot 1{,}9 \frac{\text{m}}{\text{s}^2} \cdot (5 \text{ s})^2 = 24 \text{ m}$

$v(5 \text{ s}) = 1{,}9 \frac{\text{m}}{\text{s}^2} \cdot 5 \text{ s} = 9{,}5 \text{ s}$

Diagramme:
t-x-Diagramm:

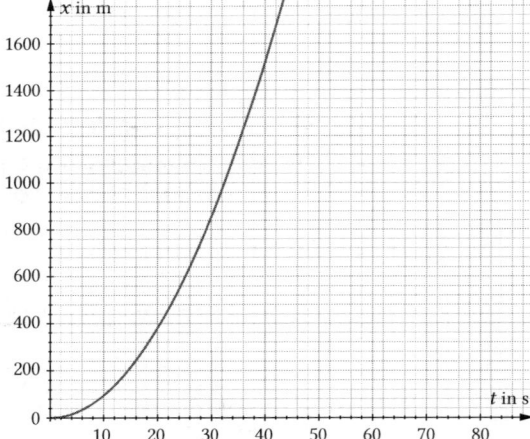

t-v-Diagramm:

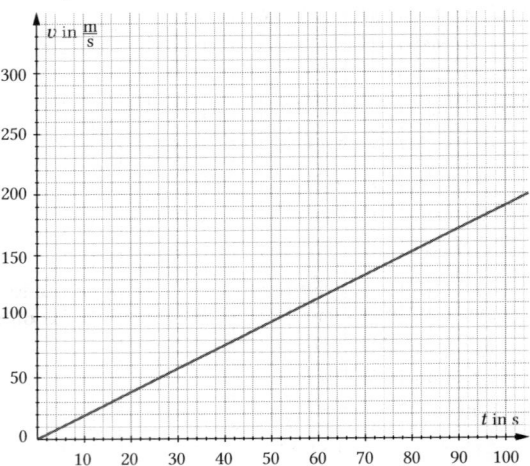

c) $F = m \cdot a = 250 \cdot 10^3 \text{ kg} \cdot 1{,}9 \frac{\text{m}}{\text{s}^2} = 4{,}8 \cdot 10^5 \text{ N} = 0{,}48 \text{ MN}$

d) Zu Beginn des Vorgangs haben Luftmassen und Flugzeug zusammen den Gesamtimpuls 0 Ns. Dieser muss während des Vorgangs erhalten bleiben, wenn man Flugzeug und Luftmassen als System betrachtet. Der auf die Luftmassen durch die Triebwerke übertragene Impuls muss daher betragsmäßig genau dem Impuls entsprechen, der durch die Luftmassen auf das Flugzeug übertragen wird. Er weist jedoch die zu diesem entgegengesetzte Richtung auf. Dies lässt sich auch aus den zugrundeliegenden Wechselwirkungskräften folgern: Die Kraft $\vec{F}_{\text{Flugzeug-Luft}}$ steht in Wechselwirkung mit der Kraft $\vec{F}_{\text{Luft-Flugzeug}}$, d.h. sie ist betragsgleich und entgegengerichtet. Vgl. dazu z.B. S. 55 und S. 60.

A 3: a) Diagramm:

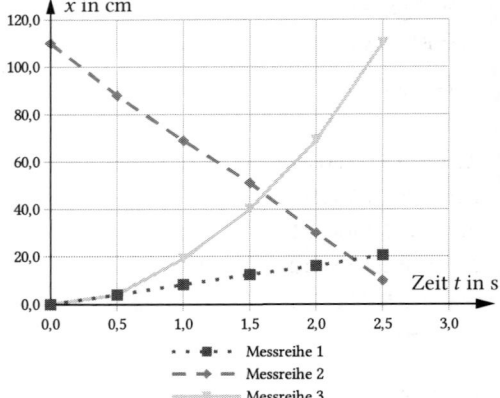

3 Bewegungen modellieren

b) Messreihe 1 – Die Bewegung erfolgt in positiver x-Richtung mit annähernd konstanter Geschwindigkeit, d.h. ohne Beschleunigung.

Abschnitt 1: 0 s bis 0,5 s $v_1 = 8{,}0 \,\frac{cm}{s}$
Abschnitt 2: 0,5 s bis 1,0 s $v_2 = 8{,}4 \,\frac{cm}{s}$
Abschnitt 3: 1,0 s bis 1,5 s $v_3 = 8{,}4 \,\frac{cm}{s}$
Abschnitt 4: 1,5 s bis 2,0 s $v_4 = 7{,}2 \,\frac{cm}{s}$
Abschnitt 5: 2,0 s bis 2,5 s $v_5 = 9{,}0 \,\frac{cm}{s}$
Mittelwert $\bar{v} = 8{,}2 \,\frac{cm}{s}$

Messreihe 2 – Die Bewegung erfolgt in negativer x-Richtung mit annähernd konstanter Geschwindigkeit, d.h. ohne Beschleunigung.

Abschnitt 1: 0 s bis 0,5 s $v_1 = -4 \,\frac{cm}{s}$
Abschnitt 2: 0,5 s bis 1,0 s $v_2 = -38 \,\frac{cm}{s}$
Abschnitt 3: 1,0 s bis 1,5 s $v_3 = -36 \,\frac{cm}{s}$
Abschnitt 4: 1,5 s bis 2,0 s $v_4 = -42 \,\frac{cm}{s}$
Abschnitt 5: 2,0 s bis 2,5 s $v_5 = -40 \,\frac{cm}{s}$
Mittelwert $\bar{v} = -40 \,\frac{cm}{s}$

Messreihe 3 – Die Bewegung erfolgt beschleunigt in positiver x-Richtung; die Geschwindigkeiten stellen daher nur Mittelwerte im jeweiligen Abschnitt dar.

Abschnitt 1: 0 s bis 0,5 s $v_1 = 8{,}0 \,\frac{cm}{s}$
Abschnitt 2: 0,5 s bis 1,0 s $v_2 = 30 \,\frac{cm}{s}$
Abschnitt 3: 1,0 s bis 1,5 s $v_3 = 42 \,\frac{cm}{s}$
Abschnitt 4: 1,5 s bis 2,0 s $v_4 = 58 \,\frac{cm}{s}$
Abschnitt 5: 2,0 s bis 2,5 s $v_5 = 82 \,\frac{cm}{s}$

Setzt man die Bewegungsgleichung an:

$$x(t) = x_0 + v_0 \cdot t + 0{,}5 \cdot a \cdot t^2,$$

so erhält man mit $x_0 = 0$ m und $v_0 = 0 \,\frac{m}{s}$:

$$a = \frac{2x(t)}{t^2}.$$

Abschnitt 1: 0 s bis 0,5 s $a = 32 \,\frac{m}{s^2}$
Abschnitt 2: 0,5 s bis 1,0 s $a = 38 \,\frac{m}{s^2}$
Abschnitt 3: 1,0 s bis 1,5 s $a = 36 \,\frac{m}{s^2}$
Abschnitt 4: 1,5 s bis 2,0 s $a = 35 \,\frac{m}{s^2}$
Abschnitt 5: 2,0 s bis 2,5 s $a = 35 \,\frac{m}{s^2}$
Mittelwert: $\bar{a} = 35 \,\frac{m}{s^2}$

c) Individuelle Lösungen, z.B.:
Zu (1): Der Wagen wird gleichmäßig mit der Hand die schiefe Ebene hinunter geschoben.
Zu (2): Der Wagen wird schnell die schiefe Ebene hinauf geschoben.
Zu (3): Der Wagen rollt die schiefe Ebene hinunter.

d) Zu (1): $x(t) = 0 \text{ cm} + 8{,}2 \,\frac{cm}{s} \cdot t$; $v(t) = 8{,}2 \,\frac{cm}{s}$

Damit erhält man:

$x(3 \text{ s}) = 24{,}6$ cm; $x(3{,}5 \text{ s}) = 28{,}7$ cm;
$x(4{,}5 \text{ s}) = 36{,}9$ cm; $x(5{,}0 \text{ s}) = 41$ cm

Zu (2): $x(t) = 110 \text{ cm} - 40 \,\frac{cm}{s} \cdot t$; $v(t) = -40 \,\frac{cm}{s}$

Damit erhält man:

$x(3 \text{ s}) = -10$ cm; $x(3{,}5 \text{ s}) = -30$ cm;
$x(4{,}5 \text{ s}) = -70$ cm; $x(5{,}0 \text{ s}) = -90$ cm

Zu (3): Aus der Bewegungsgleichung erhält man $a = 35 \,\frac{cm}{s^2}$:

$$v(t) = 0 \,\tfrac{m}{s} + 35 \,\tfrac{cm}{s^2} \cdot t$$

$$x(t) = 0 \text{ m} + 17{,}5 \,\tfrac{cm}{s^2} \cdot t^2$$

Damit erhält man:

$v(3 \text{ s}) = 105 \,\frac{cm}{s}$ $v(3{,}5 \text{ s}) = 123 \,\frac{cm}{s}$;
$v(4{,}5 \text{ s}) = 158 \,\frac{cm}{s}$ $v(5{,}0 \text{ s}) = 175 \,\frac{cm}{s}$
$x(3 \text{ s}) = 158$ cm $x(3{,}5 \text{ s}) = 214$ cm;
$x(4{,}5 \text{ s}) = 354$ cm $x(5{,}0 \text{ s}) = 438$ cm

A 4: a) t-x-Diagramm, t-v-Diagramm:

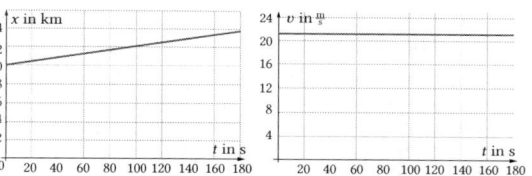

Ein Auto fährt mit konstanter Geschwindigkeit von $21 \,\frac{m}{s}$ auf einer Landstraße in positive x-Richtung. Es startet bei der Kilometermarkierung 10 km.

b) t-x-Diagramm, t-v-Diagramm:

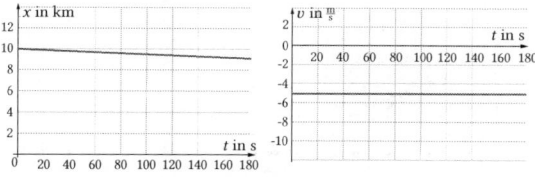

Bei der selben Kilometermarkierung wie in a) startet eine Fahrradfahrerin und fährt mit konstanter Geschwindigkeit von $5 \,\frac{m}{s}$ in negative x-Richtung.

c) t-x-Diagramm:

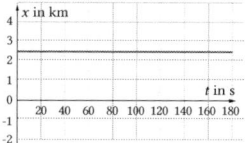

Bei der Kilometermarkierung $x = 2{,}5$ km steht eine Person still.

d) t-x-Diagramm, t-v-Diagramm:

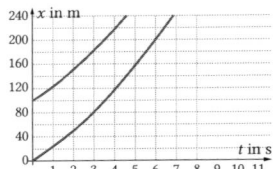 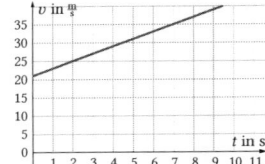

Zwei Autos beschleunigen in positive x-Richtung mit jeweils $4{,}0\,\frac{m}{s^2}$ ausgehend von einer Geschwindigkeit von anfänglich $21\,\frac{m}{s}$. Ein Auto fährt dabei in einem Abstand von 100 m vor dem anderen Auto.

e) t-x-Diagramm, t-v-Diagramm:

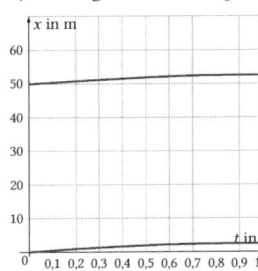 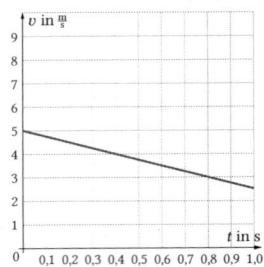

Ein Radfahrer bremst aus $5\,\frac{m}{s}$ in positive x-Richtung fahrend mit konstanter Beschleunigung von $-5{,}0\,\frac{m}{s^2}$ ab. In einem Abstand von 50 m vor dem Radler vollzieht ein zweiter Radler die gleiche Bewegung.

f) t-v-Diagramm:

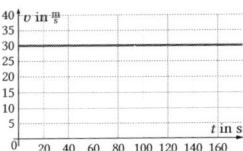

Auf einer Autobahn fahren zwei Autos mit konstant $30\,\frac{m}{s}$ im einem Abstand von 20 km zueinander in positive x-Richtung.

g) t-x-Diagramm, t-v-Diagramm:

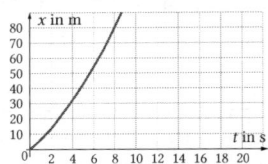 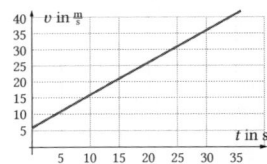

Eine Radfahrerin beschleunigt ihr Rad aus einer Geschwindigkeit von $6\,\frac{m}{s}$ mit der konstanten Beschleunigung von $1{,}0\,\frac{m}{s^2}$. Sie bewegt sich in positive x-Richtung.

h) t-x-Diagramm, t-v-Diagramm:

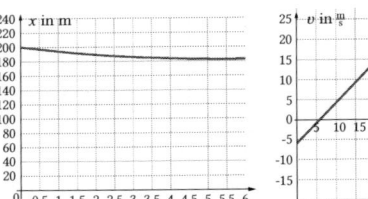 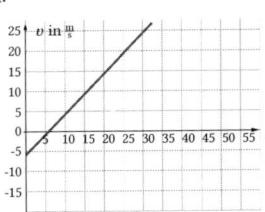

200 m von der Radlerin aus g) in positiver x-Richtung entfernt bremst ein entgegenkommender Radler mit konstant $1{,}0\,\frac{m}{s^2}$ ab.

A 5: Diagramm 1: $\qquad v(t) = 0{,}75\,\frac{m}{s}$

Diagramm 2: $\qquad v(t) = 0{,}20\,\frac{m}{s^2} \cdot t$

Diagramm 3: $\qquad x(t) = 0{,}25\,\frac{m}{s^2} \cdot t^2$

Diagramm 4: $\qquad v(t) = -2{,}3\,\frac{m}{s^2} \cdot t$

Diagramm 5: $\qquad x(t) = 2{,}7\,\frac{m}{s^2} \cdot t^2$

Diagramm 6: $\qquad x(t) = 0{,}53\,\frac{m}{s^2} \cdot t^2 - 1{,}0\,m$

A 6: Diagramm Golfschläger:

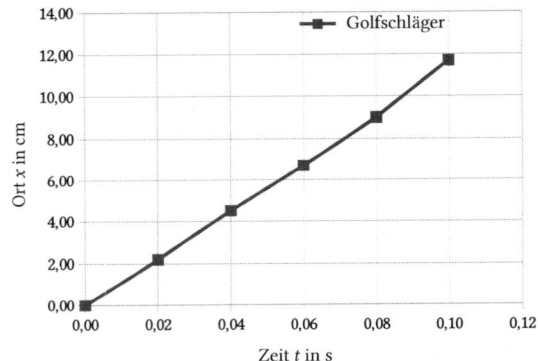

Zeit in s	Ort in cm
0,00	0,00
0,02	2,20
0,04	4,50
0,06	6,70
0,08	9,00
0,10	11,70

Relevante Zahlenwerte: $\bar{v} = \dfrac{11{,}7\,cm}{0{,}10\,s} = 1{,}2\,\frac{m}{s}$

3 Bewegungen modellieren

Diagramm Fußball:

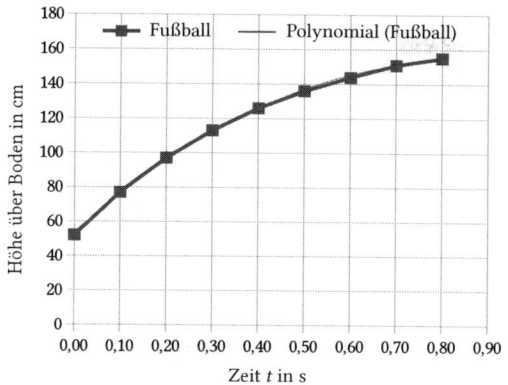

Zeit in s	Ort in cm (Nullpunkt am Boden)
0,00	52
0,10	77
0,20	97
0,30	113
0,40	126
0,50	136
0,60	144
0,70	151
0,80	155

Relevante Zahlenwerte:

Geschwindigkeit erster Abschnitt: $v_{vorher} = \frac{25 \text{ cm}}{0,1 \text{ s}} = 2,5 \frac{m}{s}$

Geschwindigkeit letzter Abschnitt: $v_{nachher} = \frac{4,0 \text{ cm}}{0,1 \text{ s}} = 0,4 \frac{m}{s}$

Abschätzung Beschleunigung: $a = \frac{2,5 \frac{m}{s} - 0,4 \frac{m}{s}}{0,70 \text{ s}} = 3,0 \frac{m}{s^2}$

A 7: a) $y(t) = -\frac{1}{2} \cdot g \cdot t^2$, $t = \sqrt{\frac{-2 \cdot y}{g}}$

Setze $y(t) = -5,0$ m:

$-5,0 \text{ m} = -\frac{1}{2} \cdot 9,81 \frac{m}{s^2} \cdot t^2$

$t = \sqrt{\frac{2 \cdot 5,0 \text{ m}}{9,81 \text{ s}^2}} = 1,01 \text{ s}$

$v(1,0 \text{ s}) = -9,81 \frac{m}{s^2} \cdot 1,01 \text{ s} = -9,9 \frac{m}{s}$

b) Energieerhaltungssatz:

$E_{ges, unt} = E_{ges, ob}$

$E_{H, unt} = 0 \text{ J}; \quad E_{kin, ob} = 0 \text{ J}$

$\Rightarrow E_{kin, unt} = E_{H, ob},$

$\frac{1}{2} \cdot m \cdot v_{unt}^2 = m \cdot g \cdot h_{ob}, \quad h_{ob} = 5,0 \text{ m},$

$v = \sqrt{2 \cdot g \cdot h} = \sqrt{2 \cdot 9,81 \frac{m}{s^2} \cdot 5,0 \text{ m}} = 9,9 \frac{m}{s}$.

Das Ergebnis stimmt mit dem aus a) überein.

c) Beispielmessung:
Stuhlhöhe: $h = 0,45$ m,

$t = \sqrt{\frac{2 \cdot 0,45 \text{ m}}{9,81 \frac{m}{s^2}}} = 0,30 \text{ s}.$

A 8: Lösungsweg 1:

I: $v(t) = -g \cdot t$

II: $y(t) = -\frac{1}{2} \cdot g \cdot t^2$

Löse I nach t auf:

$t = \frac{v}{-g},$

und setze in II ein:

$y(t) = -\frac{1}{2} \cdot g \cdot \left(\frac{v}{-g}\right)^2 = -\frac{1}{2} \cdot \frac{v^2}{g}.$

Damit ergeben sich folgende Werte:

$y_{30} = -\frac{\frac{1}{2} \cdot \left(\frac{30 \text{ m}}{3,6 \text{ s}}\right)^2}{9,81 \frac{m}{s^2}} = -3,5 \text{ m}$

und analog

$y_{60} = -14 \text{ m}$ bzw. $y_{90} = -32 \text{ m}.$

Lösungsweg 2 nutzt wie Aufgabe 7b den Energieerhaltungssatz und den Zusammenhang $h = \frac{1}{2} \frac{v^2}{g}$ und liefert entsprechende positive Werte für die Starthöhe, wenn das Nullniveau der Höhenenergie im Aufschlagpunkt festgelegt wird.

A 9: Individuelle Lösung.
Tipp: Im Internet finden sich dazu Videos, bei denen das untersucht wurde.

Seite 95

A 1: Die Wurfweite beim waagerechten Wurf ist (bei Vernachlässigung der Luftreibung) unabhängig von der Masse des geworfenen Körpers. Badegäste und Wasser(tropfen) verlassen das Ende der Rutsche waagrecht mit annähernd der gleichen Geschwindigkeit und treffen deshalb am selben Ort auf.

A 2: a) Das Auto führt die Bewegung des waagrechten Wurfs aus. Dabei ist die vertikale Bewegungskomponente gleich dem freien Fall des Drahtrings. Beim freien Fall hat die Masse keinen Einfluss auf die Beschleunigung, Auto und Ring befinden sich also zu jedem Zeitpunkt auf der gleichen Höhe.
b) Individuelle Lösung.

A 3: a) Möglichkeit 1: Die kinetische Energie zum Zeitpunkt des Abwurfes vergrößert sich um die potenzielle Energie, die durch die Verringerung der Höhe frei wird.
Möglichkeit 2: In waagrechter Richtung tritt keine Beschleunigung auf, in senkrechter Richtung wirkt eine geschwindigkeitsvergrößernde Kraft; die Addition der Geschwindigkeitspfeile ergibt dann immer einen längeren Pfeil.
b) Man legt als Abwurfzeitpunkt fest: $t = 0$ s. Dann ist zum Zeitpunkt t die vertikale Geschwindigkeitskomponente wie beim

freien Fall $v_y(t) = g \cdot t$, die waagrechte Geschwindigkeitskomponente ist gleichbleibend: $v_x(t) = v_0$.
Die Pfeiladdition ergibt den Pfeil für $\vec{v}(t)$. Dabei ergibt sich ein rechtwinkliges Dreieck, in dem $v(t)$ die Hypotenuse und $v_x(t)$ bzw. $v_y(t)$ die beiden Katheten darstellen. Deren Längen sind jeweils ein Maß für die Geschwindigkeiten.

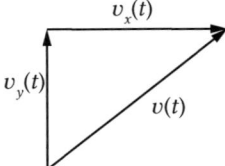

Nach dem Satz des Pythagoras gilt daher:

$$[v(t)]^2 = v_x^2 + v_y^2 = v_0^2 + (g \cdot t)^2 = v_0^2 + g^2 \cdot t^2.$$

Für eine Anfangsgeschwindigkeit von $v_0 = 1\,\frac{m}{s}$ ergibt sich folgendes t-v-Diagramm:

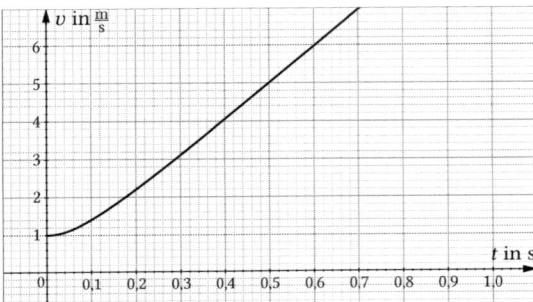

Für große Zeiten nach dem Abwurf zeigt der Körper einen annähernd linearen Geschwindigkeitszuwachs, wie auch beim freien Fall. Lediglich für kleine Fallzeiten macht sich die Anfangsgeschwindigkeit bemerkbar.

A 4: Nach Beispielaufgabe 2 von S. 94 gilt:

$$v_0 = \sqrt{-\frac{g x^2}{2y}} = \sqrt{-\frac{9{,}81\,\frac{m}{s^2} \cdot (1{,}5\,m)^2}{2 \cdot (-0{,}9\,m)}} \approx 3{,}5\,\frac{m}{s}.$$

Aus $x = v_0 \cdot t$ ergibt sich

$$t = \frac{1{,}5\,m}{3{,}5\,\frac{m}{s}} \approx 0{,}43\,s$$

und damit nach Aufgabe 3

$$v(0{,}43\,s) = \sqrt{v_0^2 + g^2 \cdot t^2} \approx 5{,}5\,\frac{m}{s}.$$

A 5: (*Druckfehler* im Buch, gemeint ist „vergleiche Aufgabe 4")
Die Fallzeit bei einem Sprung mit und ohne Anlauf unterscheidet sich nicht. Beim 10-m-Turm beträgt sie (mit $y(t) = 10\,m$)

$$y(t) = \frac{1}{2} g \cdot t^2 \Rightarrow t = \sqrt{\frac{20\,m}{9{,}81\,\frac{m}{s^2}}} = 1{,}43\,s.$$

Damit man in dieser Zeit waagrecht 13,5 m zurücklegt (die Geschwindigkeitskomponente in waagrechter Richtung bleibt unverändert), müsste man mit folgender Geschwindigkeit abspringen:

$$v_x = \frac{13{,}5\,m}{1{,}43\,s} = 9{,}44\,\frac{m}{s}.$$

Zum Vergleich: Spitzensprinter erreichen etwa $10\,\frac{m}{s}$. Es kann also davon ausgegangen werden, dass man diese Geschwindigkeit nicht erreicht.

A 6: Individuelle Lösung; die Auswertung erfolgt analog zur Beispielaufgabe 2, Seite 94.

A 7: a) Das Flugzeug hat eine hohe horizontale Geschwindigkeit über dem Untergrund, mit der es auch das Wasser mit sich führt. Diese Geschwindigkeit behält das abgelassene Wasser gegenüber dem Untergrund bei, sofern man die Luftreibung außer Acht lässt. Bezieht man die Luftreibung mit ein, muss trotzdem davon ausgegangen werden, dass das Wasser eine Geschwindigkeitskomponente in horizontaler Richtung bezüglich des Untergrunds besitzt. Dadurch vollzieht das Wasser (näherungsweise) die Bewegung eines waagrechten Wurfs. Zwischen Abwurfort und Brandherd muss also die entsprechende Wurfweite mit einbezogen werden.
b) Individuelle Lösung.

A 8: a) Für die Koordinaten in y-Richtung gelten die Formeln des freien Falls:

$$y(t) = -\frac{1}{2} g \cdot t^2 \Rightarrow g = -2 \cdot \frac{y(t)}{t^2}.$$

So erhält man aus den Messwerten:

$$g = -2 \cdot \frac{-0{,}020\,m}{(0{,}080\,s)^2} = 6{,}3\,\frac{m}{s^2}$$

$$g = -2 \cdot \frac{-0{,}097\,m}{(0{,}16\,s)^2} = 7{,}6\,\frac{m}{s^2}$$

$$g = -2 \cdot \frac{-0{,}230\,m}{(0{,}24\,s)^2} = 8{,}0\,\frac{m}{s^2}$$

$$g = -2 \cdot \frac{-0{,}413\,m}{(0{,}32\,s)^2} = 8{,}1\,\frac{m}{s^2}$$

b) Die Bahngleichung für den waagrechten Wurf lautet:

$$y(x) = -\frac{1}{2} \frac{g \cdot x^2}{v_0^2} \Rightarrow g = -2 \cdot v_0^2 \cdot \frac{y(x)}{x^2}.$$

Für die Abwurfgeschwindigkeit wird $v_0 = \frac{x(t)}{t}$ verwendet. Es ergibt sich

für $t = 0{,}080\,s$: $v_0 = \frac{0{,}091\,m}{0{,}080\,s} = 1{,}13\,\frac{m}{s}$

für $t = 0{,}32\,s$: $v_0 = \frac{0{,}346\,m}{0{,}32\,s} = 1{,}08\,\frac{m}{s}$

Als Mittelwert ergibt sich $v_0 = 1{,}1\,\frac{m}{s}$.
Damit erhält man

für $t = 0{,}08\,s$: $g = -2 \cdot \left(1{,}1\,\frac{m}{s}\right)^2 \cdot \frac{-0{,}020\,m}{(0{,}091\,m)^2} = 5{,}8\,\frac{m}{s^2}$

für $t = 0{,}32\,s$: $g = -2 \cdot \left(1{,}1\,\frac{m}{s}\right)^2 \cdot \frac{-0{,}413\,m}{(0{,}346\,m)^2} = 8{,}3\,\frac{m}{s^2}$

b) Die Genauigkeit des Verfahrens hängt ab von:
- Messunsicherheiten bei den verwendeten Messwerten: Ablesegenauigkeit v. a. bei kleinen Messwerten; Genauigkeit der Zeitmessung (Bildrate) etc.
- systematischen Einflüssen wie z. B. Luftreibung

A 9: Individuelle Lösung.

3 Bewegungen modellieren

A 10: Ähnlich wie beim waagrechten Wurf lässt sich die Bewegung des schrägen Wurfs in eine horizontale und eine vertikale Komponente aufteilen. Die horizontale Komponente ist eine Bewegung mit konstanter Geschwindigkeit und im Idealfall unabhängig von der Masse (also der Größe) der Wassertropfen. Die Bewegung in vertikaler Richtung erfolgt im Idealfall nur unter Einfluss der Gewichtskraft, die für eine konstante Beschleunigung in vertikaler Richtung sorgt, deren Betrag ebenfalls unabhängig von der Masse ist. Beide Geschwindigkeitskomponenten sind also unabhängig von der Masse, sodass alle Tropfen bei gleicher Anfangsgeschwindigkeit (Betrag und Richtung) die gleiche Flugbahn durchlaufen.

Im Realfall wirkt eine von der Oberfläche der Wassertropfen (also ihrer Größe) abhängige Luftreibungskraft und verändert entsprechend die Bahnkurven der Wassertropfen.

Seite 101

A 1: a) <u>1. Betrachtungsweise – Bewegungsgleichungen</u>
Bewegungsgleichungen aus Beispielaufgabe 2, BII:

$$v(t) = 4{,}7 \, \tfrac{m}{s^2} \cdot t + 3{,}8 \, \tfrac{m}{s},$$

$$l(t) = 2{,}35 \, \tfrac{m}{s^2} \cdot t^2 + 3{,}8 \, \tfrac{m}{s} \cdot t.$$

Setze $l(t) = L = 2{,}5$ m.

$$2{,}5 \text{ m} = 2{,}35 \, \tfrac{m}{s^2} \cdot t^2 + 3{,}8 \, \tfrac{m}{s} \cdot t$$

$$\Rightarrow 0 \text{ m} = 2{,}35 \, \tfrac{m}{s^2} \cdot t^2 + 3{,}8 \, \tfrac{m}{s} \cdot t - 2{,}5 \text{ m}.$$

Diese quadratische Gleichung kann mit der Lösungsformel gelöst werden, wobei nur eine Lösung („+" vor der Diskriminante) physikalisch sinnvoll ist:

$$t = -3{,}8 \, \tfrac{m}{s} + \frac{\sqrt{(3{,}8 \, \tfrac{m}{s})^2 - 4 \cdot 2{,}35 \, \tfrac{m}{s^2} \cdot (-2{,}5 \text{m})}}{2 \cdot 2{,}35 \, \tfrac{m}{s^2}} = 0{,}50 \text{ s}.$$

<u>2. Betrachtungsweise – Analogie „Freier Fall" (sehr anspruchsvoll, aber lehrreich)</u>
Vorüberlegung:
Aus der Betrachtung des freien Falls und des waagrechten Wurfs ist erkennbar, dass auch die Bewegung auf der schiefen Ebene bzw. Rampe getrennt in eine horizontale und eine vertikale Bewegung analysiert werden kann. Dabei ist zu beachten, dass hier außer der Gewichtskraft noch die entsprechenden Kraftkomponenten der Normalkraft zu berücksichtigen sind.
Aus der Grafik liest man ab:

$$F_N = F_G \cdot \cos(\alpha); \quad F_{N,\text{vert}} = F_N \cdot \cos(\alpha) = F_G \cdot \cos^2(\alpha)$$

Die Gesamtkraft in vertikaler Richtung ist daher

$$F_{\text{ges}} = -F_G + F_{N,\text{vert}} = -F_G + F_G \cdot \cos^2(\alpha) = F_G \cdot (-1 + \cos^2(\alpha))$$

$$= -F_G \cdot \sin^2(\alpha) = -F_G \cdot \left(\tfrac{h}{L}\right)^2$$

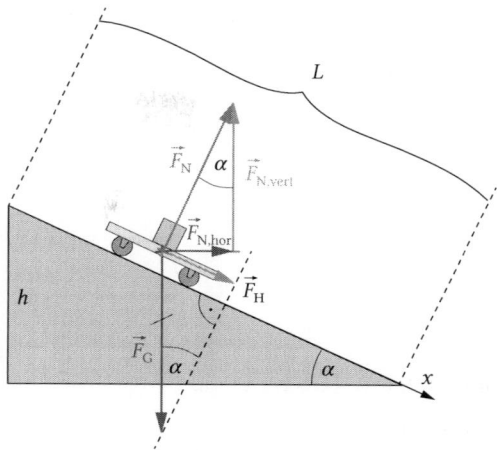

Damit ist die Beschleunigung in vertikaler Richtung

$$a = \tfrac{F_{\text{ges}}}{m} = g \cdot \left(\tfrac{h}{L}\right)^2 = g \cdot \left(\tfrac{1{,}2 \text{ m}}{2{,}5 \text{ m}}\right)^2 = -0{,}230 \, g.$$

Damit setzt man nun die Bewegungsgleichung in y-Richtung an mit $y_{\text{Ende}} = y(t) = -1{,}2$ m.
Da die Skaterin schon eine Anfangsgeschwindigkeit hat, muss auch deren vertikale Komponente berücksichtigt werden:

$$v_{\text{vert;A}} = -v_A \cdot \sin(\alpha) = -v_A \cdot \tfrac{h}{L} = -v_A \cdot 0{,}48.$$

Damit ergibt sich:

$$-1{,}2 \text{ m} = -0{,}48 \cdot 3{,}8 \, \tfrac{m}{s} \cdot t - \tfrac{1}{2} \cdot 2{,}26 \, \tfrac{m}{s^2} \cdot t^2$$

$$\Rightarrow 1{,}13 \, \tfrac{m}{s^2} \cdot t^2 + 1{,}82 \, \tfrac{m}{s} \cdot t - 1{,}2 \text{ m} = 0.$$

$$\Rightarrow t = -1{,}82 \, \tfrac{m}{s} + \frac{\sqrt{(1{,}82 \, \tfrac{m}{s})^2 + 4 \cdot 1{,}13 \, \tfrac{m}{s^2} \cdot 1{,}2 \text{ m}}}{2 \cdot 1{,}13 \, \tfrac{m}{s^2}} = 0{,}50 \text{ s}$$

<u>3. Betrachtungsweise – Bewegung mit mittlerer Geschwindigkeit</u>
Die Bewegung entlang der Rampe erfolgt mit konstanter Beschleunigung. Gemäß den bisherigen Ergebnissen aus Beispielaufgabe 1 beginnt die Bewegung dort mit $v_{\text{oben}} = 3{,}8 \, \tfrac{m}{s}$ und endet mit $v_{\text{unten}} = 6{,}2 \, \tfrac{m}{s}$.
Daraus ergibt sich eine mittlere Geschwindigkeit auf der Rampe von

$$\bar{v} = \tfrac{6{,}2 \, \tfrac{m}{s} + 3{,}8 \, \tfrac{m}{s}}{2} = 5{,}0 \, \tfrac{m}{s}.$$

Die Bewegung auf der Rampe kann also ersatzweise als Bewegung mit konstanter Geschwindigkeit von $5{,}0 \, \tfrac{m}{s}$ beschrieben werden. Für die Strecke von 2,5 m Rampenlänge werden also 0,50 s benötigt.
b) $v(0{,}50 \text{ s}) = 4{,}7 \, \tfrac{m}{s^2} \cdot 0{,}50 \text{ s} + 3{,}8 \, \tfrac{m}{s} = 6{,}2 \, \tfrac{m}{s}.$

Das Ergebnis stimmt mit dem aus Beispielaufgabe 1, II überein.
c) Unter folgenden Annahmen kann die Reibung mathematisch modelliert werden:
- Während der Bewegung hat der Betrag der Rollreibungskraft einen konstanten Wert F_R.
- Die Luftreibung / der Luftwiderstand kann aufgrund der geringen Geschwindigkeiten unberücksichtigt bleiben.

Abschätzen des Betrages der Rollreibungskraft in Relation zur Gewichtskraft von Skateboarderin und Skateboard bzw. Übernahme von (näherungsweise) passenden Literaturwerten. Beispielsweise kann ein Betrag von 1% der Gewichtskraft als sinnvoll angenommen werden. Für die beschleunigende Kraft gilt dann z.B.

$$F_{Res} = F_G \cdot \sin(\alpha) - F_R = 0{,}99 \cdot m \cdot g \cdot \sin(\alpha).$$

Weiter kann die Bewegung nun wie in Beispielaufgabe 1, II untersucht werden.

A 2: a) Annahmen:
- $v_0 = 0 \frac{m}{s}$
- $m = 70$ kg
- $x_0 = 0$ m, d. h. der Koordinatenursprung liegt im Kontaktpunkt der Sprinterin zum Startblock.
- Die angegebene Kraft wird von beiden Füßen zusammen auf den Startblock ausgeübt.
- Die Beschleunigung ist während des Abdrückens vom Startblock im ersten Zeitabschnitt konstant.

Aus diesen Annahmen kann für die Abdruckphase die Beschleunigung berechnet werden:

$$a = \frac{F}{m} = \frac{1000 \text{ N}}{70 \text{ kg}} = 14 \frac{m}{s^2}.$$

Nimmt man weiterhin an, dass die Abdruckkraft am Boden im ersten Zeitabschnitt gleich bleibt, ergeben sich die Bewegungsgleichungen für den ersten Zeitabschnitt:

$$v(t) = 14 \frac{m}{s^2} \cdot t,$$
$$x(t) = \frac{1}{2} 14 \frac{m}{s^2} \cdot t^2 = 7{,}0 \frac{m}{s^2} \cdot t^2.$$

(Angabe der Beschleunigung mit höherer Genauigkeit, da sie für die Berechnung kein Endergebnis darstellt.)

Auswertung der Bilderserie:

Zeit t in s	Position x in m
0	0
0,5	1,8
1,0	3,6
1,5	4,4

Die Beschleunigung für das erste Zeitintervall kann wie folgt abgeschätzt werden:

$$\bar{v} = \frac{1{,}8 \text{ m}}{0{,}5 \text{ s}} = 3{,}6 \frac{m}{s}.$$

Man nimmt an, dass a konstant bleibt; damit ist die mittlere Geschwindigkeit gerade die halbe Endgeschwindigkeit:

$$v_{nach} = 7{,}2 \frac{m}{s}.$$

Also gilt für die Beschleunigung:

$$a = \frac{7{,}2 \frac{m}{s} - 0 \frac{m}{s}}{0{,}5 \text{ s}} = 14{,}4 \frac{m}{s^2} = 14 \frac{m}{s^2}.$$

b) Folgende Argumentationskette lässt sich aufbauen:
- Das System aus der ruhenden Sprinterin und dem Startblock auf der Startbahn (bzw. der Erde) besitzt den Gesamtimpuls 0 Ns.
- Dieser Betrag muss auch nach dem Start unverändert vorhanden sein.
- Da die Sprinterin nach dem Start einen Impuls vom Betrag ungleich null besitzt, muss der Startblock bzw. die Erde einen Impuls in entgegengesetzter Richtung haben, damit die Impulsbilanz wieder stimmt.

Auf der Krafteebene lässt sich der Vorgang ebenfalls beschreiben:
- Eine betragsgleiche entgegengesetzt gerichtete Kraft $\vec{F}_{B\text{-}S}$ vom Startblock auf die Sprinterin bewirkt deren Beschleunigung.
- Da die Masse des Startblocks samt Fahrbahn und Planet Erde viele Größenordnungen größer ist als die der Sprinterin, bewirkt die auf den Startblock ausgeübte Kraft keine registrierbare Beschleunigung der Erde: Wegen $a = \frac{F}{m}$ ist der Betrag der Beschleunigung bei sehr großem Nenner nahezu null.

A 3: Vorgegebene Werte:
Abwurfhöhe: $y(0 \text{ s}) = 1{,}70$ m;
Wurfweite: $x(t) = 15$ m; $y(t) = 0$ m

a) <u>Bewegungsgleichungern</u>
Annahmen:
- Masse des Schneeballs $m = 100$ g
- Der Ball wird innerhalb von 0,3 s auf die Abwurfgeschwindigkeit beschleunigt.
- Der Abwurf erfolgt waagrecht.

Unter der Annahme eines waagrechten Wurfs lässt sich mithilfe der Bewegungsgleichungen die Abwurfgeschwindigkeit ermitteln:

$$x(t) = v_0 \cdot t; \quad y(t) = 1{,}70 \text{ m} - \frac{1}{2} g \cdot t^2$$

$$\Rightarrow t = \sqrt{\frac{2 \cdot (1{,}70 \text{ m} - y(t))}{g}}$$

$$\Rightarrow v_0 = \frac{x(t)}{t} = x(t) \cdot \sqrt{\frac{g}{2 \cdot (1{,}70 \text{ m} - y(t))}} = 15 \text{ m} \cdot \sqrt{\frac{9{,}81 \frac{m}{s^2}}{3{,}40 \text{ m}}} = 25{,}5 \frac{m}{s}$$

Für die anfängliche Beschleunigung beim Abwurf kann man nun abschätzen:

$$a = \frac{\Delta v}{\Delta t} = \frac{25{,}5 \frac{m}{s}}{0{,}3 \text{ s}} = 85 \frac{m}{s^2}.$$

b) Der Schneeball besitzt zu Beginn der Flugphase kinetische und Höhenenergie:

$$E_{kin,A} = \frac{1}{2} \cdot m \cdot v_A^2 = \frac{1}{2} \cdot 0{,}100 \text{ kg} \cdot \left(25{,}5 \frac{m}{s}\right)^2 = 32{,}5 \text{ J};$$

$$E_{H,A} = m \cdot g \cdot h = 0{,}100 \text{ kg} \cdot 9{,}81 \frac{m}{s^2} \cdot 1{,}70 \text{ m} = 1{,}7 \text{ J}.$$

Bis zum Aufprall bei $y(t) = 0$ m wird die Höhenenergie in kinetische Energie umgewandelt:

$$E_{kin,E} = \frac{1}{2} \cdot m \cdot v_E^2 = 34{,}2 \text{ J}.$$

Damit lässt sich der Betrag der Aufprallgeschwindigkeit berechnen zu:

$$v_E = \sqrt{\frac{2 \cdot E_{kin,E}}{m}} = \sqrt{\frac{2 \cdot 34{,}2 \text{ J}}{0{,}100 \text{ kg}}} = 26{,}2 \frac{m}{s}.$$

3 Bewegungen modellieren

c) Die beim Beschleunigungsvorgang auf den Schneeball wirkende Kraft in horizontaler Richtung ist (vgl. Aufg. a):

$$F_B = m \cdot a = 0{,}100 \text{ kg} \cdot 85 \tfrac{m}{s^2} = 8{,}5 \text{ N}.$$

Nach dem Abwurf wirkt allein die Gewichtskraft in vertikaler Richtung:

$$F_G = m \cdot g = 0{,}98 \text{ N}.$$

A 4: $m_{\text{Hammer}} = 200 \text{ g} = 0{,}200 \text{ kg}$; $m_{\text{Nagel}} = 5 \text{ g} = 0{,}005 \text{ kg}$.

a) Impulserhaltung: Der Hammer bewegt sich nach dem Auftreffen auf dem Nagel mit ihm mit; es handelt sich also um einen vollkommen unelastischen Stoß. Für die Auftreffgeschwindigkeit des Hammers wird abgeschätzt:

$$v_{\text{Hammer,A}} = 5{,}0 \tfrac{m}{s}.$$

Dann erhält man aus dem Impulserhaltungssatz:

$$m_{\text{Hammer}} \cdot v_{\text{Hammer,A}} = m_{\text{Hammer}} \cdot v_{\text{Hammer,E}} + m_{\text{Nagel}} \cdot v_{\text{Nagel,E}}$$

$$m_{\text{Hammer}} \cdot v_{\text{Hammer,A}} = (m_{\text{Hammer}} + m_{\text{Nagel}}) \cdot v_{\text{Hammer,E}}$$

$$v_{\text{Hammer,E}} = \frac{m_{\text{Hammer}}}{m_{\text{Hammer}} + m_{\text{Nagel}}} \cdot v_{\text{Hammer,A}} = \frac{0{,}200 \text{ kg}}{0{,}205 \text{ kg}} \cdot 5{,}0 \tfrac{m}{s} = 4{,}9 \tfrac{m}{s}$$

b) Kräfte: Die Zeitdauer für den Aufprall wird abgeschätzt mit 0,001 s. Damit ergibt sich für die Kraft, die auf den Nagel beim Auftreffen des Hammers wirkt:

$$F = \frac{m \cdot \Delta v}{\Delta t} = \frac{0{,}200 \text{ kg} \cdot 4{,}9 \tfrac{m}{s}}{0{,}001 \text{ s}} = 980 \text{ N}$$

Wird der Nagel durch den Schlag 0,5 cm ins Holz getrieben, so wird dabei die gesamte kinetische Energie, die in der Bewegung von Hammer und Nagel steckt, durch Reibung in innere Energie umgewandelt. Aus dem Ansatz, dass das Holz aufgrund der Reibung Arbeit am System „Hammer + Nagel" verrichtet, lässt sich die mittlere Kraft abschätzen, die das Holz auf den Nagel ausübt:

$$F_R \cdot \Delta s = \Delta E \Rightarrow F_R = \frac{\Delta E}{\Delta s} = \frac{0{,}5 \cdot 0{,}205 \text{ kg} \cdot (4{,}9 \tfrac{m}{s})^2}{0{,}05 \text{ m}} = 0{,}05 \text{ kN}.$$

A 5: Annahmen und Festlegungen:
- Rampenlänge $l_R = 5{,}0$ m, damit ergibt sich aus der Neigung von 10° eine Rampenhöhe von

$$h_R = l_R \cdot \sin(\alpha) = 5 \text{ m} \cdot \sin(10°) = 0{,}87 \text{ m}.$$

- Masse Radfahrer mit Fahrrad $m = 90$ kg
- $v_0 = 0 \tfrac{m}{s}$
- Koordinatenursprung im Startpunkt der Fahrt, d. h. Startposition $x_0 = 0$ m

a) Bewegungsgleichungen: Analog zur Beispielaufgabe 2, A II, ergibt sich:

$$F_H = F_G \cdot \sin(\alpha) = 0{,}156 \text{ kN}.$$

Die gesamte beschleunigende Kraft resultiert aus der Hangabtriebskraft und der vom Fahrer ausgeübten Kraft F_F.

$$F_{res} = F_F + F_H = 0{,}256 \text{ kN} \Rightarrow a = \frac{F}{m} = 2{,}84 \tfrac{m}{s^2}.$$

Somit ergeben sich die Bewegungsgleichungen:

$$v(t) = 2{,}84 \tfrac{m}{s^2} \cdot t,$$

$$x(t) = 1{,}42 \tfrac{m}{s^2} \cdot t^2.$$

Damit lassen sich berechnen:
- die Fahrzeit auf der Rampe: $x(t) = 5{,}0$ m:

$$5{,}0 \text{ m} = 1{,}42 \tfrac{m}{s^2} \cdot t^2 \qquad t = \sqrt{\frac{5{,}0 \text{ m}}{1{,}42 \tfrac{m}{s^2}}} = 1{,}88 \text{ s};$$

- die Geschwindigkeit am Ende der Rampe:

$$v(1{,}88 \text{ s}) = 2{,}84 \tfrac{m}{s^2} \cdot 1{,}88 \text{ s} = 5{,}3 \tfrac{m}{s}$$

b) Eine Energiebetrachtung an der schiefen Ebene kann wie in Beispielaufgabe 1, II erfolgen. Allerdings muss hier noch berücksichtigt werden, dass der Fahrer Arbeit verrichtet bzw. Energie umsetzt. Diese kann berechnet werden mit:

$$W = F \cdot \Delta s = 100 \text{ N} \cdot 5 \text{ m} = 500 \text{ J}.$$

Damit gilt:

$$E_{\text{kin,ob}} + E_{\text{H,ob}} + W = E_{\text{kin,unt}} + E_{\text{H,unt}} = E_{\text{kin,unt}};$$

das Nullniveau der Höhenenergie wird ans untere Rampenende gesetzt.

$$m \cdot g \cdot h_{ob} + W = \tfrac{1}{2} \cdot m \cdot v_{unt}^2$$

$$\Rightarrow v_{unt} = \sqrt{2 \cdot g \cdot h_{ob} + \frac{2W}{m}} = \sqrt{2 \cdot 9{,}81 \tfrac{m}{s^2} \cdot 0{,}87 \text{ m} + 11 \tfrac{m^2}{s^2}}$$

$$= 5{,}3 \tfrac{m}{s}.$$

c) siehe a.

A 6: Individuelle Lösung.
Hinweise für geeignete Werte und Annahmen bzw. Abschätzungen:

	Werte	Annahmen bzw. Abschätzungen
a) Schlag beim Tischtennis	m_{Ball} = 2,7 g Länge Tischtennisplatte: 2,47 m	Kontaktzeit 0,01 s; Abschussgeschwindigkeit: 5 bis 6 $\frac{m}{s}$
b) Aufschlag Volleyball	m_{Ball} = 270 g Länge Volleyballfeld: 18 m	Kontaktzeit 0,05 s; Abschussgeschwindigkeit: 20 $\frac{m}{s}$
c) Hochsprung	übersprungene Höhe im Bereich 1,6 m bis 2,0 m	Der Körperschwerpunkt bewegt sich etwa 10 cm unter der Latte durch. Der Körperschwerpunkt kann etwa in der Mitte der Körperhöhe angesetzt werden.
d) Stabhochsprung	Länge Stab 4,8 m übersprungene Höhe im Bereich 4,0 m bis 6,0 m	Der Körperschwerpunkt bewegt sich etwa 10 cm unter der Latte durch. Der Körperschwerpunkt kann etwa in der Mitte der Körperhöhe angesetzt werden.
e) Radfahrt		Steigung/Gefälle der Straße 5 %, d. h. auf einem gefahrenen Kilometer besteht ein Höhenunterschied von 50 m v_0 = 6 bis 8 $\frac{m}{s}$

A 7: Individuelle Lösung.

A 8: Individuelle Lösung.
Hinweise zu den Aufgaben:
a) Energieerhaltung: Hier könnte sich je nach Größe des Balles auch schon die Luftreibung bemerkbar machen. D. h. die kinetische Energie könnte geringer sein als theoretisch vorhergesagt. Bei jedem Aufprall wird zudem ein Teil der Energie in innere Energie umgewandelt; dies lässt sich aus den geringer werdenden Sprunghöhen nach jedem Aufprall ablesen.
Impulserhaltung: Betrachtet man den Ball allein als System, so stellt die Gewichtskraft einen Eingriff von außen dar. Dadurch wird der Impuls geändert gemäß der newtonschen Grundgleichung: $F \cdot \Delta t = m \cdot \Delta v = \Delta p$.
Da beim Aufprall ein Teil der kinetischen Energie in innere Energie umgewandelt wird, handelt sich nicht um einen vollkommen elastischen Stoß; da sich Erde und Ball nach dem Stoß nicht mit der gleichen Geschwindigkeit bewegen, handelt es sich auch nicht um einen vollkommen inelastischen Stoß.
b) Bewegungsgleichungen: Nach dem jeweiligen Aufprall wirkt außer der Gewichtskraft nur noch eine evtl. zu vernachlässigenden Kraft aufgrund der Luftreibung. Die Bewegungsgleichungen ähneln daher denen eines freien Falls bzw. eines waagrechten bzw. schiefen Wurfs (= waagrechter Wurf + Anfangsgeschwindigkeit in y-Richtung).

Seite 105

A 1: a) Die Reaktionszeit bestimmt sich aus dem Reaktionsweg. Hierbei geht man von einer Bewegung mit konstanter Geschwindigkeit aus, da noch nicht mit dem Bremsen begonnen wird. Somit geht man von der Gleichung aus:
$\Delta x = v \cdot \Delta t$.

Tempolimit 30: $\Delta t = \frac{8,3 \text{ m}}{30 \frac{km}{h}} = \frac{8,3 \text{ m}}{8,3 \frac{m}{s}} = 1,0$ s.

Tempolimit 50: $\Delta t = \frac{13,9 \text{ m}}{50 \frac{km}{h}} = \frac{13,9 \text{ m}}{13,9 \frac{m}{s}} = 1,0$ s.

Die Bremswege werden mit der in der StVZO geforderten Beschleunigung $a = -5,0 \frac{m}{s^2}$ (Verzögerung) berechnet.

Tempolimit 30: $x_B = \frac{-v_0^2}{2a} = \frac{-(8,333 \frac{m}{s})^2}{2 \cdot (-5,0 \frac{m}{s})} = 6,9$ m.

Der angegebene Bremsweg ist für die mindestens geforderte Verzögerung zu kurz gewählt, damit auch der Anhalteweg.
Geht man vom angegebenen Bremsweg aus, ergibt sich eine angenommene Beschleunigung von

$a' = -\frac{v_0^2}{2 x_B} = -\frac{(8,333 \frac{m}{s})^2}{10 \text{ m}} = 6,9 \frac{m}{s^2}$.

Tempolimit 50: $x_B = \frac{-v_0^2}{2a} = \frac{-(13,888 \frac{m}{s})^2}{2 \cdot (-5,0 \frac{m}{s})} = 19$ m.

Auch hier ist der Bremsweg für die Mindestverzögerung zu kurz angegeben. Für die angenommene Beschleunigung erhält man:

$a' = -\frac{v_0^2}{2 x_B} = -\frac{(13,888 \frac{m}{s})^2}{27,6 \text{ m}} = 7,0 \frac{m}{s^2}$.

Damit wird hier eine dem Betrag nach knapp anderthalb mal so große Beschleunigung angenommen als in der StVZO mindestens gefordert.
b) Es gilt
$x_B = \frac{-v_0^2}{2a}$.

Eine zehnprozentige Erhöhung von v_0 bedeutet, dass nun die Geschwindigkeit $1,1 \cdot v_0$ beträgt. Damit ist dann der Bremsweg:

$x_B = \frac{-(1,1 \cdot v_0)^2}{2a} = 1,21 \cdot \frac{-v_0^2}{2a}$.

Damit verlängert sich der Bremsweg um 21 %. Die Aussage ist somit korrekt.
Das Verhältnis der kinetischen Energien E_{50} bei Tempo 50 und E_{30} bei Tempo 30 ist

$\frac{E_{50}}{E_{30}} = \frac{\frac{1}{2} m \cdot (50 \frac{km}{h})^2}{\frac{1}{2} m \cdot (30 \frac{km}{h})^2} \approx 2,78$.

Die Aussage ist (näherungsweise) korrekt.
c) Individuelle Lösung.

A 2: Individuelle Lösung.

A 3: Individuelle Lösung.

A 4: Individuelle Lösung.

3 Bewegungen modellieren

A 5: a) Für die aufgrund der Haftreibung erreichbare maximale Beschleunigung (Betrag) gilt:

$$a_{max} = \mu \cdot g.$$

Damit erhält man:

$$\mu = \frac{a}{g} = \frac{5{,}0 \, \frac{m}{s^2}}{9{,}81 \, \frac{m}{s^2}} = 0{,}50.$$

Für Reifen auf trockenem oder auch nassem Asphalt gelten größere Reibungskennzahlen (siehe Tabelle **T1**, Seite 103), sodass in der Regel auch höhere Bremsverzögerungen möglich sind. Die StVZO enthält eine „Sicherheitsreserve".

b) Der größte Unterschied bestünde bei einer Fahrbahn, die im nassen Zustand eine Kennzahl von $\mu_{nass} = 0{,}6$ aufweist und im trockenen Zustand eine Kennzahl von $\mu_{trocken} = 1{,}1$.
Damit ergibt sich:

$$\frac{a_{nass}}{a_{trocken}} = \frac{\mu_{nass}}{\mu_{trocken}} = \frac{0{,}6}{1{,}1} \approx 55\% \text{ des ursprünglichen Wertes,}$$

d. h. $a_{nass} = 0{,}55 \cdot a_{trocken}$.

Damit erhält man:

$$x_{B,nass} = \frac{-v_0^2}{2\,a_{nass}} = \frac{-v_0^2}{2\,a_{trocken} \cdot 0{,}55} = x_{B,trocken} \cdot \frac{1}{0{,}55} = x_{B,trocken} \cdot 1{,}8.$$

Der Bremsweg ist damit in diesem Fall um 80 % länger.
Legt man eine Änderung der Kennzahl von $\mu_{nass} = 0{,}8$ zu $\mu_{trocken} = 1{,}1$ zugrunde, so erhält man:

$$\frac{a_{nass}}{a_{trocken}} = \frac{\mu_{nass}}{\mu_{trocken}} = \frac{0{,}8}{1{,}1} \approx 73\%$$

und damit:

$$x_{B,nass} = x_{B,trocken} \cdot \frac{1}{0{,}73} = x_{B,trocken} \cdot 1{,}4.$$

Die Aussage ist also mit Vorsicht zu genießen; merken sollte man sich auf jeden Fall, dass der Bremsweg sich bei nasser Fahrbahn nicht unerheblich verlängert.

4 Kernphysik

Seite 117

A 1: a) Abstand halten, nicht anfassen und den Raum so schnell wie möglich verlassen. Raum verschließen und kennzeichnen. Telefonisch das Umweltamt oder die Polizei informieren. Mitarbeiter werden dann mit entsprechender Schutzkleidung und Vorsichtsmaßnahmen den Strahlertyp bestimmen.

b) Über die Abschirmbarkeit kann mit einem Geiger-Müller-Zählrohr oder einem anderem Messgerät für Radioaktivität die Art der Strahlung festgestellt werden: Lässt sich die Strahlung durch Papier abschirmen, handelt es sich um α-Strahlung, lässt sie sich durch mehrere Schichten Aluminiumfolie abschirmen, handelt es sich um β-Strahlung, andernfalls um γ-Strahlung.

A 2: α-Strahlung: Abschirmung durch Papier, dünne Kunststofffolien, alle Arten dünner Schichten von Feststoffen oder Flüssigkeiten.
β-Strahlung: Abschirmung durch wenige Millimeter Metall, z. B. Aluminium oder etwa zentimeterdicke andere Materialschichten.
γ-Strahlung: Abschirmung durch Blei, dicke Betonwände.

A 3: a) α-Teilchen nach links; β⁻-Teilchen nach oben.

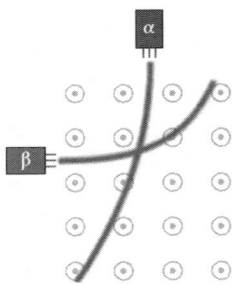

b) Die Stärke der Ablenkung ist unter anderem von der Masse abhängig, aber auch von der Geschwindigkeit und der Ladung der Teilchen $\left(I = \frac{\Delta Q}{\Delta t}\right)$. Nimmt man an, dass die α-Teilchen und die β⁻-Teilchen die gleiche Geschwindigkeit besitzen, so stellt die Bewegung der α-Teilchen einen elektrischen Strom mit der doppelten Stärke dar. Dem steht eine etwa 7000-mal höhere Masse gegenüber. Die α-Teilchen werden also deutlich weniger stark abgelenkt als die β⁻-Teilchen. γ-Strahlung hat keine elektrische Ladung und wird somit auch nicht abgelenkt.
(*Druckfehler* im Buch: Bei c) handelt es sich um den einleitenden Text zu den nachfolgenden Aufgaben.)

d) (1) Es könnte sich um einen unelastischen Stoß handeln, da das α-Teilchen und das Elektron unterschiedliche Ladungen haben und sich daher anziehen. Das Elektron und das α-Teilchen könnten somit „aneinander kleben bleiben" und sich anschließend gemeinsam mit der gleichen Geschwindigkeit weiterbewegen.
(2) Hierbei könnte es sich um einen elastischen Stoß handeln, da beide Teilchen gleiche Ladung besitzen und daher aufeinander abstoßende Kräfte ausüben.

e) (1) Das α-Teilchen und das Elektron könnten nach dem Stoß sich gemeinsam weiterbewegen. Die Geschwindigkeit und die Bewegungsrichtung des α-Teilchens würde sich durch den Stoß dabei kaum verändern, da die Masse des α-Teilchens deutlich größer ist und damit die Beschleunigung, die bei dem Stoß auftritt, sehr gering ausfällt.
(2) Da das α-Teilchen viel schwerer ist als das Positron, kann man den Stoß mit einem Ballwurf gegen die Wand vergleichen. Das Positron wird vermutlich mit betragsmäßig nahezu gleicher Geschwindigkeit in die entgegengesetzte Richtung wie vor dem Stoß zurückfliegen.

A 4: Beim Aussenden des β⁻-Teilchens wird der Rest des Atoms durch den Rückstoß angeregt. Das nun angeregte Nuklid Ni-60 geht sehr schnell unter Aussendung von γ-Strahlung in den Grundzustand über.

A 5: Individuelle Lösung.

A 6: Individuelle Lösung.

A 7: Individuelle Lösung.

Seite 125

A 1: a) $^{3}_{1}$H: ein Proton, zwei Neutronen;
$^{12}_{6}$C: sechs Protonen, sechs Neutronen;
$^{137}_{55}$Cs: 55 Protonen, 82 Neutronen;
$^{208}_{82}$Pb: 82 Protonen, 126 Neutronen.

b) C-14: sechs Protonen, acht Neutronen;
F-19: neun Protonen zehn Neutronen;
K-40: 19 Protonen; 21 Neutronen;
Co-60: 27 Protonen; 33 Neutronen.

c) Xe-134: 54 Protonen; 80 Neutronen;
Pb-206: 82 Protonen, 124 Neutronen;
Rn-220: 86 Protonen, 134 Neutronen;
U-235: 92 Protonen; 143 Neutronen

A 2: a) Da die Kernladungszahl mit der Ordnungszahl übereinstimmt und diese wiederum eindeutig mit einem Elementnamen verknüpft ist (siehe Periodensystem), genügt es, eines von beiden anzugeben. Beispielsweise gehört ein Atom mit der Kernladungszahl 8 immer zum Element Sauerstoff.

b) Die Massenzahl ist die Summe aus der Protonenzahl Z und der Neutronenzahl N. Da der gleiche Summenwert aber aus verschiedenen Summanden gebildet werden kann (z. B. 27 + 21 = 28 + 20), würde es sich im ersten Fall um ein Isotop des Elements Kobalt ($Z = 27$), im zweiten Fall um ein Isotop des Elements Nickel ($Z = 28$) handeln.

A 3: α-Zerfall (schematisch):

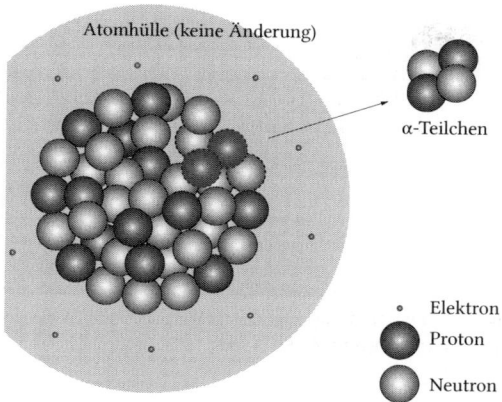

β⁻-Zerfall (schematisch)

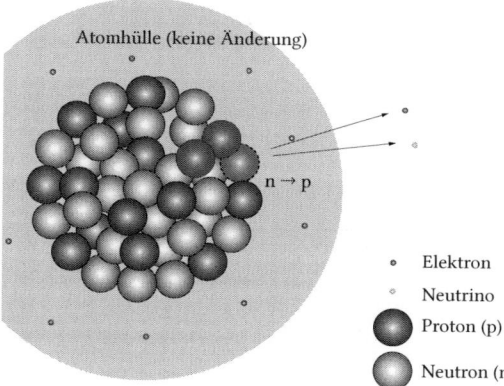

γ-Zerfall (schematisch):

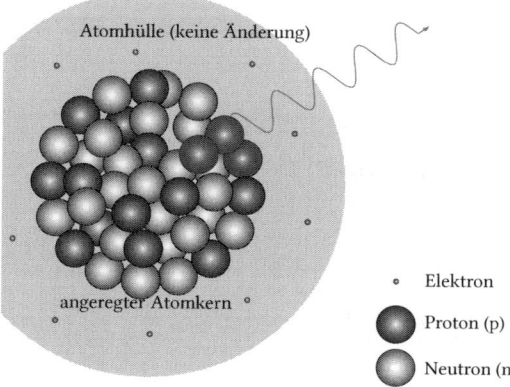

A 4: a) $^{235}_{92}\text{U} \xrightarrow{\alpha} {}^{231}_{90}\text{Th}^{2-} + {}^{4}_{2}\text{He}^{2+}$

b) $^{232}_{90}\text{Th} \xrightarrow{\alpha} {}^{228}_{88}\text{Ra}^{2-} + {}^{4}_{2}\text{He}^{2+}$

c) $^{241}_{95}\text{Am} \xrightarrow{\alpha} {}^{237}_{93}\text{Np}^{2-} + {}^{4}_{2}\text{He}^{2+}$

d) $^{226}_{88}\text{Ra} \xrightarrow{\alpha} {}^{222}_{86}\text{Rn}^{2-} + {}^{4}_{2}\text{He}^{2+}$

e) $^{40}_{19}\text{K} \xrightarrow{\beta^-} {}^{40}_{20}\text{Ca}^+ + e^- + \bar{\nu}_e$

f) $^{210}_{82}\text{Pb} \xrightarrow{\beta^-} {}^{210}_{83}\text{Bi}^+ + e^- + \bar{\nu}_e$

g) $^{176}_{71}\text{Lu} \xrightarrow{\beta^-} {}^{176}_{72}\text{Hf}^+ + e^- + \bar{\nu}_e$

h) $^{54}_{23}\text{V} \xrightarrow{\beta^-} {}^{54}_{24}\text{Cr}^+ + e^- + \bar{\nu}_e$

i) Sm-147 $\xrightarrow{\alpha}$ Nd-143²⁻ + He-4²⁺

j) I-131 $\xrightarrow{\beta^-}$ Xe-131⁺ + e⁻ + $\bar{\nu}_e$

k) Hf-174 $\xrightarrow{\alpha}$ Yb-170²⁻ + ${}^{4}_{2}\text{He}^{2+}$

l) Tl-206 $\xrightarrow{\beta^-}$ Pb-206⁺ + e⁻ + $\bar{\nu}_e$

A 5: a) Das Element des Tochterkerns ist im Periodensystem zwei Plätze vorher zu finden, da sich die Kernladunszahl (= Ordnungszahl) um 2 verringert.
b) Das Element des Mutterkerns befindet sich zwei Plätze weiter hinten.
c) Das Element des Tochterkerns findet man einen Platz rechts daneben, da die Protonenzahl (= Ordnungszahl) um eins erhöht ist.
d) Das Element des Mutterkerns befindet sich eine Stelle weiter links im Periodensystem.
e) Da γ-Strahlung nur von einem angeregten Atomkern stammt, in dem keine Veränderungen hinsichtlich der Protonen- und der Nukleonezahl stattfinden, ist das Element von Mutterkern und Tochterkern dasselbe.

A 6: a) Bei einem β⁻-Zerfall wandelt sich ein Neutron im Kern in ein Proton um. Da das Neutron aus der Quark-Kombination ddu besteht und das Proton aus der Quark-Kombination uud, muss sich ein down-Quark (d) in ein up-Quark (u) umwandeln.
b) Bei einem β⁺-Zerfall wandelt sich ein Proton im Kern in ein Neutron um. Da das Proton aus der Quark-Kombination uud besteht und das Neutron aus der Quark-Kombination ddu, muss sich ein up-Quark (u) in ein down-Quark (d) umwandeln.

A 7: Das Nuklid Po-222 macht insgesamt zehn Zerfälle durch: vier α-Zerfälle und sechs β⁻-Zerfälle.

A 8: a) Bei einem β-Zerfall ändert sich die Massenzahl nicht, bei einem α-Zerfall ändert sie sich um 4. Also müssen zwei α-Zerfälle stattgefunden haben. Die Kernladungszahl nimmt bei jedem α-Zerfall um 2 ab, also insgesamt um 4 Einheiten. Damit sich ein Unterschied von 12 ergibt, müssen 8 β⁺-Zerfälle oder 16 β⁻-Zerfälle stattgefunden haben. Die Aussage ist also insgesamt falsch.
b) Die Massenzahl kann sich nur durch α-Zerfälle ändern. Sowohl bei β⁻- als auch bei β⁺-Zerfällen bleibt sie gleich. Beim α-Zerfall ändert sie sich immer um 4 Einheiten, also muss der Unterschied der Massenzahlen von zwei Isotopen der gleichen Zerfallsreihe stets ein Vielfaches von 4 betragen.

A 9: a) (1) Die Kernladungszahl Z nimmt um 3 ab, die Massenzahl A nimmt um 8 ab und die Neutronenzahl N nimmt um 5 ab.
(2) Die Kernladungszahl Z bleibt gleich, die Massenzahl A nimmt um 4 ab, die Neutronenzahl N nimmt um 4 ab.
(3) siehe (2)

b) $^{222}_{86}\text{Rn} \rightarrow {}^{218}_{84}\text{Po}^{2-} + {}^{4}_{2}\text{He}^{2+}$

$^{218}_{84}\text{Po} \rightarrow {}^{214}_{82}\text{Pb}^{2-} + {}^{4}_{2}\text{He}^{2+}$

$^{214}_{82}\text{Pb} \rightarrow {}^{214}_{83}\text{Bi}^{+} + e^{-} + \bar{\nu}_e$

c) $^{216}_{82}\text{Pb} \rightarrow {}^{216}_{83}\text{Bi}^{+} + e^{-} + \bar{\nu}_e$

$^{216}_{83}\text{Bi} \rightarrow {}^{216}_{84}\text{Po}^{+} + e^{-} + \bar{\nu}_e$

$^{216}_{84}\text{Po} \rightarrow {}^{212}_{82}\text{Pb}^{2-} + {}^{4}_{2}\text{He}^{2+}$

d) individuelle Lösung; mögliches Beispiel:

$^{216}_{84}\text{Po} \rightarrow {}^{212}_{82}\text{Pb}^{2-} + {}^{4}_{2}\text{He}^{2+}$

$^{212}_{82}\text{Pb} \rightarrow {}^{212}_{83}\text{Bi}^{+} + e^{-} + \bar{\nu}_e$

$^{212}_{83}\text{Bi} \rightarrow {}^{212}_{84}\text{Po}^{+} + e^{-} + \bar{\nu}_e$

A 10: Individuelle Lösung.

Seite 131

A 1: a) Aus dem Diagramm erhält man $T_{1/2} = 55$ s.

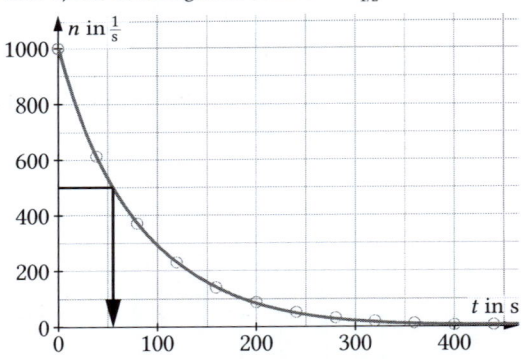

Ein mögliches Isotop wäre damit Radon-220 (Rn-220) mit einer Halbwertszeit von 55,6 s.
Auch folgende Nuklide wären mögliche Kandidaten:

Francium-208 (Fr-208):	$T_{1/2} = 58{,}6$ s
Francium-209 (Fr-209)	$T_{1/2} = 50$ s
Francium-229 (Fr-229)	$T_{1/2} = 50{,}2$ s
Astat-223 (At-223)	$T_{1/2} = 54$ s
Astat-224 (At-224)	$T_{1/2} = 50$ s

b) Der Verlauf ist anfangs steiler. Der Graph geht durch die Punkte (0|2000) und (55|1000), ab dem Zeitpunkt $t = 55$ s ist der Graph dann identisch mit dem im Buch abgedruckten Graphen, nur dass er nun auf der Zeitachse um 55 s nach rechts verschoben wurde.

A 2: a) t-n-Diagramm:

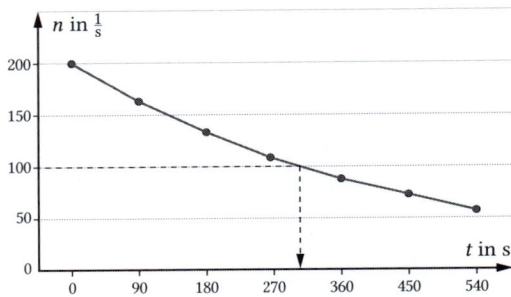

Die Halbwertszeit ergibt sich aus dem Diagramm zu etwa $T_{1/2} = 300$ s = 5,0 min. Es könnte sich daher um Th-237 oder Hg-205 handeln.

b) t-n-Diagramm:

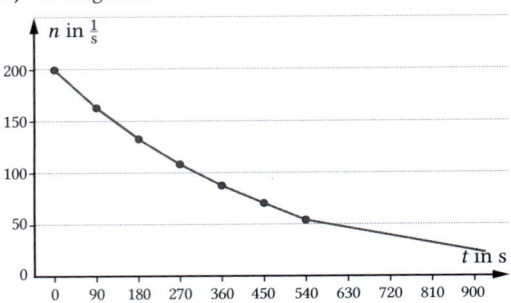

Bei $t = 900$ s liegt die Zählrate bei etwa $25\,\frac{1}{s}$.

c) Nach 270 s beträgt die tatsächliche Zerfallsrate etwa $97\,\frac{1}{s}$, also knapp mehr als die Hälfte des Anfangswertes von $190\,\frac{1}{s}$. Nach weiteren 270 s liegt der Wert bei etwa $45\,\frac{1}{s}$, also knapp unter einem Viertel des Ausgangswertes. Das lässt den Schluss zu, dass die Halbwertszeit etwa 270 s beträgt.

A 3: a) Laut Tabelle im Anhang ist das Nuklid Co-60 ein β^--Strahler; zudem sendet Co-60 auch γ-Strahlung aus (vgl. dazu auch S. 117/Aufg. 4). Die Halbwertszeit für den β^--Zerfall beträgt 5,27 a.

b) t-n-Diagramm:

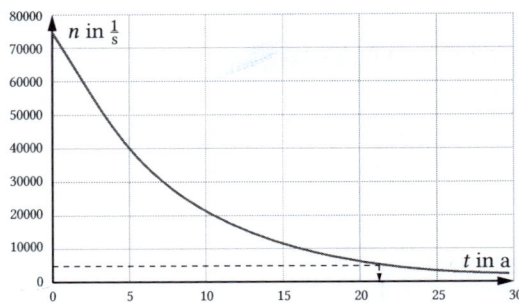

c) Ab ca. 22 Jahren liegt die Zerfallsrate bei unter $5000\,\frac{1}{s}$.

4 Kernphysik

A 4: a) $^{132}_{53}\text{I} \rightarrow \,^{131}_{54}\text{Xe}^+ + e^- + \bar{\nu}_e$;
die Halbwertszeit beträgt in etwa 8 Tage.
$^{137}_{55}\text{Cs} \rightarrow \,^{137}_{56}\text{Ba}^+ + e^- + \bar{\nu}_e$;
die Halbwertszeit beträgt 30,19 Jahre.

b) Die Halbwertszeit von I-131 beträgt etwa 8 Tage. Nach einem Monat sind fast vier Halbwertszeiten vergangen, daher ist von der anfänglich vorhandenen Anzahl an Iod-Atomen nach einem Monat nur noch etwa $\frac{1}{16}$ vorhanden und nach 2 Monaten nur noch $\frac{1}{256}$, d. h. weniger als 0,4%.

c) Die Zählrate $16\,\frac{1}{s}$ ist ein Achtel der Zählrate $128\,\frac{1}{s}$ ($\frac{16}{128} = \frac{1}{8}$). Damit müssen drei Halbwertszeiten vergehen, um diese Zählrate zu erreichen. Cs-137 hat eine Halbwertszeit von 30,19 a und daher wäre die gesuchte Zerfallsrate nach ca. 91 Jahren erreicht. Das wäre (ausgehend vom Jahr des Reaktorunglücks) im Jahr 2077 der Fall.

A 5: a) Diagramm:

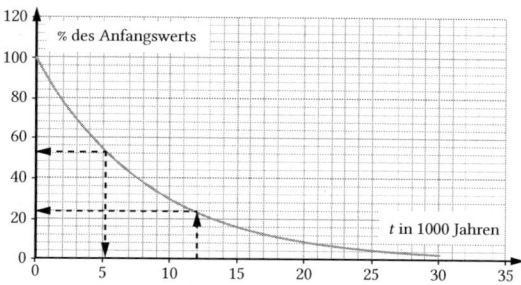

b) Laut Diagramm dürfte Ötzi etwa vor 5200 Jahren gestorben sein, da dann noch ein Anteil von 53% des anfänglichen C-14-Gehalts vorhanden ist. Nach 12 000 Jahren liegt der Anteil noch bei 24%.

c) $n(5200\text{ a}) = 100\% \cdot 0{,}5^{\frac{5200\,\text{a}}{5730\,\text{a}}} = 53\%$,

oder alternativ:

$53\% = 100\% \cdot 0{,}5^{\frac{t}{5730\,\text{a}}} \Rightarrow 0{,}53 = 0{,}5^{\frac{t}{5730\,\text{a}}}$

$\Rightarrow \log_{0{,}5}(0{,}53) = \frac{t}{5730\,\text{a}}$

$\Rightarrow t = 5730\text{ a} \cdot \log_{0{,}5}(0{,}53) = 5248\text{ a}$,

$n(12\,000\text{ a}) = 0{,}5^{\frac{12\,000\,\text{a}}{5730\,\text{a}}} = 23{,}4\%$

A 6: a) Individuelle Lösung.
b) Individuelle Lösung.

Seite 137

A 1: a) $\Delta m = 1{,}0\text{ g}$; damit ist

$\Delta E = m \cdot c^2 = 0{,}0010\text{ kg} \cdot (3{,}00 \cdot 10^8\,\tfrac{m}{s})^2 = 9{,}0 \cdot 10^{13}\text{ J}$

b) Energieverbrauch pro Jahr: ca. 30 000 kWh (Stand: 2022), davon 25 000 kWh Wärme, 5000 kWh elektrische Energie.

Vergleich mit a:

$\dfrac{9{,}0 \cdot 10^{13}\text{ J}}{30\,000\text{ kWh}} = \dfrac{9{,}0 \cdot 10^{13}\text{ Ws}}{30\,000 \cdot 3600 \cdot 1000\text{ Ws}} = 833$

c) Bei Ra-226 kommt es zu einem α-Zerfall:

$^{226}_{88}\text{Ra} \xrightarrow{\alpha} \,^{222}_{86}\text{Rn}^{2-} + \,^{4}_{2}\text{He}^{2+}$

Dabei kommt es zu einem Massendefekt von

$\Delta m = m_{\text{Rn-222}} + m_{\text{He-4}} - m_{\text{Ra-226}}$

$= 222{,}017578\text{ u} + 4{,}002603\text{ u} - 226{,}025410\text{ u}$

$= -0{,}005229\text{ u}$,

$\Delta E = \Delta m \cdot c^2 = -0{,}005229\text{ u} \cdot c^2$

$= 0{,}005229 \cdot 149{,}24 \cdot 10^{-12}\text{ J}$

$= 7{,}804 \cdot 10^{-13}\text{ J}$,

$N = \dfrac{30\,000\text{ kWh}}{7{,}894 \cdot 10^{-13}\text{ J}} = \dfrac{30\,000 \cdot 3{,}6\text{ MJ}}{7{,}804 \cdot 10^{-13}\text{ J}} = 1{,}38 \cdot 10^{23}$.

Es müssen etwa $1{,}38 \cdot 10^{23}$ Ra-226-Atome zerfallen.

A 2: a) Po-210 $\xrightarrow{\alpha}$ Pb-206 + He-4

$\Delta m = m_{\text{Pb-206}} + m_{\text{He-4}} - m_{\text{Po-210}}$

$= 205{,}974466\text{ u} + 4{,}002603\text{ u} - 209{,}982874\text{ u} = -0{,}005805\text{ u}$

$\Delta E = \Delta m \cdot c^2 = -0{,}005805\text{ u} \cdot c^2$

$= -0{,}005805 \cdot 149{,}24 \cdot 10^{-12}\text{ J} = -8{,}663 \cdot 10^{-13}\text{ J}$

b) At-213 $\xrightarrow{\alpha}$ Bi-209 + He-4

$\Delta m = m_{\text{Bi-209}} + m_{\text{He-4}} - m_{\text{At-213}}$

$= 208{,}980399\text{ u} + 4{,}002603\text{ u} - 212{,}992936\text{ u} = -0{,}009934\text{ u}$

$\Delta E = \Delta m \cdot c^2 = -0{,}009934\text{ u} \cdot c^2$

$= -0{,}009934 \cdot 149{,}24 \cdot 10^{-12}\text{ J} = -1{,}483 \cdot 10^{-12}\text{ J}$

c) Th-220 $\xrightarrow{\alpha}$ Ra-216 + He-4

$\Delta m = m_{\text{Ra-216}} + m_{\text{He-4}} - m_{\text{Th-220}}$

$= 216{,}003533\text{ u} + 4{,}002603\text{ u} - 220{,}015748\text{ u} = -0{,}009612\text{ u}$

$\Delta E = \Delta m \cdot c^2 = -0{,}009612\text{ u} \cdot c^2$

$= -0{,}009612 \cdot 149{,}24 \cdot 10^{-12}\text{ J} = -1{,}434 \cdot 10^{-12}\text{ J}$

A 3: a) I: U-234 $\xrightarrow{\alpha}$ Th-230 + He-4;
II: Th-230 $\xrightarrow{\alpha}$ Ra-226 + He-4;
III: Ra-226 $\xrightarrow{\alpha}$ Rn-222 + He-4

b) I: $\Delta m = m_{\text{Th-230}} + m_{\text{He-4}} - m_{\text{U-234}}$

$= 230{,}033134\text{ u} + 4{,}002603\text{ u} - 234{,}040952\text{ u}$

$= -0{,}005215\text{ u}$

$\Delta E = \Delta m \cdot c^2 = -0{,}005215\text{ u} \cdot c^2$

$= -0{,}005215 \cdot 149{,}24 \cdot 10^{-12}\text{ J} = -7{,}783 \cdot 10^{-13}\text{ J}$

II: $\Delta m = m_{\text{Ra-226}} + m_{\text{He-4}} - m_{\text{Th-230}}$

$= 226{,}025410 \text{ u} + 4{,}002603 \text{ u} - 230{,}033134 \text{ u}$
$= -0{,}005121 \text{ u}$

$\Delta E = \Delta m \cdot c^2 = -0{,}005121 \text{ u} \cdot c^2$
$= -0{,}005121 \cdot 149{,}24 \cdot 10^{-12} \text{ J} = -7{,}643 \cdot 10^{-13} \text{ J}$

III: $\Delta m = m_{\text{Rn-222}} + m_{\text{He-4}} - m_{\text{Ra-226}}$
$= 222{,}017578 \text{ u} + 4{,}002603 \text{ u} - 226{,}025410 \text{ u}$
$= -0{,}005229 \text{ u}$

$\Delta E = \Delta m \cdot c^2 = -0{,}005229 \text{ u} \cdot c^2$
$= -0{,}005229 \cdot 149{,}24 \cdot 10^{-12} \text{ J} = -7{,}804 \cdot 10^{-13} \text{ J}$

Gesamt:
$\Delta E = -7{,}783 \cdot 10^{-13} \text{ J} - 7{,}643 \cdot 10^{-13} \text{ J} - 7{,}804 \cdot 10^{-13} \text{ J}$
$= -2{,}323 \cdot 10^{-12} \text{ J}$

c) Manuel hat sich gedacht, dass bei den Berechnungen die Massen der Zwischenprodukte einmal auf der „Nachher"-Seite und einmal auf der „Vorher"-Seite stehen und daher bei der Zusammenfassung der Rechnungen jeweils wegfallen. Dies lässt sich leicht zeigen, wenn man die drei Schritte in einer Rechnung zusammenfasst:

$\Delta m = (\mathbf{m_{\text{Th-230}}} + m_{\text{He-4}} - m_{\text{U-234}})$
$+ (\mathbf{m_{\text{Ra-226}}} + m_{\text{He-4}} - \mathbf{m_{\text{Th-230}}})$
$+ m_{\text{Rn-222}} + m_{\text{He-4}} - \mathbf{m_{\text{Ra-226}}}).$

Die fett hervorgehobenen Terme heben sich weg, sodass nur noch übrig bleibt:

$\Delta m = (m_{\text{He-4}} - m_{\text{U-234}}) + m_{\text{He-4}} + (m_{\text{Rn-222}} + m_{\text{He-4}})$
$= m_{\text{Rn-222}} + 3 \cdot m_{\text{He-4}} - m_{\text{U-234}}$

Multipliziert man dieses Ergebnis mit c^2, erhält man das korrekte Ergebnis von Manuel.

A 4: a) Pu-239 → Sb-130 + 3 · n + Tc-106

Kernladungszahlen: $Z_{\text{Pu}} = 94$; $Z_{\text{Sb}} = 51$; damit ergibt sich für die Kernladungszahl des zweiten Spaltprodukts:
$Z = 94 - 51 = 43$; das zugehörige Element ist Technetium (Tc).

Massenzahlen: Die Massenzahl des zweiten Spaltprodukts ist $239 - 130 - 3 = 106$.

b) $\Delta m = m_{\text{Tc-106}} + 3 \cdot m_{\text{n}} + m_{\text{Sb-130}} - m_{\text{Pu-239}}$
$= 105{,}914358 \text{ u} + 3 \cdot 1{,}008665 \text{ u} + 129{,}911662 \text{ u} - 239{,}052164 \text{ u}$
$= -0{,}200149 \text{ u}$

$\Delta E = \Delta m \cdot c^2 = -0{,}200149 \text{ u} \cdot c^2 = 0{,}200149 \cdot 149{,}24 \cdot 10^{-12} \text{ J}$
$= -2{,}98702 \cdot 10^{-11} \text{ J}$

A 5: a) U-235 → Ba-144 + Kr-80 + 11 · n

$\Delta m = m_{\text{Ba-144}} + m_{\text{Kr-80}} + 11 \cdot m_{\text{n}} - m_{\text{U-235}}$
$= 143{,}922954 \text{ u} + 79{,}916378 \text{ u} + 11 \cdot 1{,}008665 \text{ u} - 235{,}043930 \text{ u}$
$= -0{,}109283 \text{ u}$

$\Delta E = \Delta m \cdot c^2 = -0{,}109283 \text{ u} \cdot c^2$
$= -0{,}109283 \cdot 149{,}24 \cdot 10^{-12} \text{ J} = -1{,}65549 \cdot 10^{-11} \text{ J}$

b) U-235 → Cs-137 + Ru-96 + 2 · n

$\Delta m = m_{\text{Cs-137}} + m_{\text{Ru-96}} + 2 \cdot m_{\text{n}} - m_{\text{U-235}}$
$= 136{,}907089 \text{ u} + 95{,}907590 \text{ u} + 2 \cdot 1{,}008665 \text{ u} - 235{,}043930 \text{ u}$
$= -0{,}211921 \text{ u}$

$\Delta E = \Delta m \cdot c^2 = -0{,}211921 \text{ u} \cdot c^2 = -0{,}109283 \cdot 149{,}24 \cdot 10^{-12} \text{ J}$
$= -3{,}16271 \cdot 10^{-11} \text{ J}$

A 6: a) $_{Z}^{A}X \xrightarrow{\beta^-} {}_{Z+1}^{A}Y^+ + {}_{-1}^{0}e^- + \bar{\nu}_e$,

$_{32}^{77}\text{Ge} \xrightarrow{\beta^-} {}_{33}^{77}\text{As}^+ + {}_{-1}^{0}e^- + \bar{\nu}_e$

b) Hier muss man aufpassen: Es wird mit Atommassen gerechnet, d. h. mit der Masse vollständiger, neutraler Atome. Es entsteht nach dem β^--Zerfall hier ein positives Ion. Dem Atom fehlt also ein Elektron. Die fehlende Masse trägt das emittierte Elektron. Daher muss man hier in der Rechnung auf der Edukt-Seite (Ergebnisseite) nur die Masse des Atoms, nicht aber des Elektrons ansetzen. Letzteres ist in der Atommasse schon enthalten.

$\Delta m = m_{\text{As-77}} - m_{\text{Ge-77}}$
$= 76{,}920647 \text{ u} - 76{,}923549 \text{ u} = -0{,}002902 \text{ u}$

$\Delta E = \Delta m \cdot c^2 = -0{,}002902 \text{ u} \cdot c^2$
$= -0{,}002902 \cdot 149{,}24 \cdot 10^{-12} \text{ J} = -4{,}331 \cdot 10^{-13} \text{ J}$

A 7: a) Nur Neutronen mit geringer kinetischer Energie (einige Elektronenvolt) können effektiv dazu beitragen, Atome zu spalten. Bei dem Spaltprozess entstehen aber Neutronen mit hoher kinetischer Energie (keV bis MeV). Diese müssen abgebremst werden, was der Moderator bewerkstelligt.

b) Mithilfe der Steuerstäbe wird die Anzahl der Neutronen gesteuert, die in das spaltbare Material gelangen. Damit kann u. a. die Leistung des Kernreaktors gesteuert werden.

c) Bei einer unkontrollierten Kettenreaktion kann in kurzer Zeit sehr viel Energie freigesetzt werden. Kann diese nicht kontrolliert abgeführt werden, kommt es zu einer starken Erhitzung der Umgebung (Kernschmelze) oder zu einer Explosion.

d) Bei einer Störung soll verhindert werde, dass es zu einer unkontrollierten Kettenreaktion kommt. Eine Störung könnte z. B. bedeuten, dass die Versorgung der Kraftwerkssteuerung mit elektrischer Energie unterbrochen wird. Auch dann muss es möglich sein, die Spaltprozesse im Reaktor so weit herunterzufahren, dass keine unkontrollierte Kettenreaktion mehr auftreten kann. Da sich die Schwerkraft nicht abschalten lässt, ist es sinnvoll, diese zu benutzen, um die Steuerstäbe zwischen die Brennstäbe zu positionieren.

4 Kernphysik

A 8: a) Diagramm:

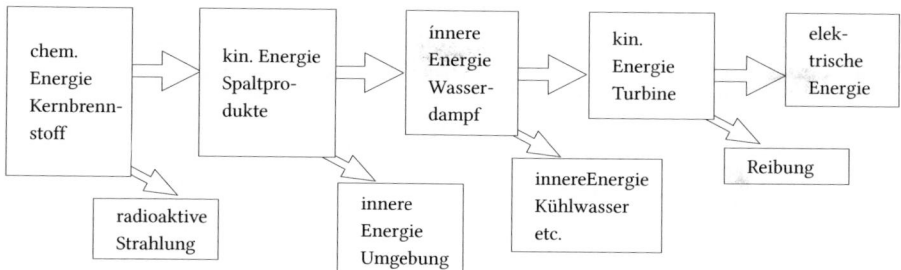

b) $\eta = \frac{P_{nutz}}{P_{auf}} \Rightarrow P_{auf} = \frac{P_{nutz}}{\eta} = \frac{1344 \text{ MW}}{0,35} = 3840 \text{ MW}$

c) Nimmt man an, dass die Kernkraftwerke der Grundversorgung über das ganze Jahr dienen, dann ist die gesamte aufgewendete Energie während eines Jahres

$\Delta E_{ges} = 365{,}25 \cdot 24 \cdot 3600 \cdot 3840 \text{ MW} = 1{,}2118 \cdot 10^{17}$ J

Damit ergibt sich ein Massenverlust von:

$\Delta m = \frac{\Delta E_{ges}}{c^2} = \frac{1{,}2118 \cdot 10^{17} \text{ J}}{(2{,}99792 \cdot 10^8 \frac{m}{s})^2} = 1{,}348$ kg

d) Siedewasserreaktor: Im Siedewasserreaktor gibt es nur einen Wasserkreislauf, in dem das Wasser verdampft wird und dann direkt in die Turbinen geleitet wird.
Druckwasserreaktor: Im Druckwasserreaktor findet man zwei Wasserkreisläufe, die über einen Wärmetauscher energetisch miteinander verbunden sind. Nur das Wasser im Primärkreislauf ist dabei mit dem radioaktiven Material in Kontakt.
In beiden Reaktoren spielt das Wasser auch die Rolle des Moderators. Im Siedewasserreaktor findet dabei in gewisser Weise eine Selbstregulierung statt, da Wasserdampf weniger dicht als flüssiges Wasser ist und somit je Volumeneinheit weniger Wassermoleküle sich finden, die die schnellen Neutronen abbremsen. Wird also vom Reaktor zu viel Wärme produziert, so verringert sich damit die Anzahl der Neutronen, die einen Spaltprozess auslösen, die Leistung des Reaktors sinkt.

A 9: $m_n = 1{,}008665$ u; $v_{n,vor} = 10000 \frac{km}{s} = 10\,000\,000 \frac{m}{s}$

Aus den Bedingungen für einen vollkommen elastischen Stoß mit einem ruhenden Stoßpartner erhält man hier allgemein:

$m_1 \cdot v_{1,vor} = m_1 \cdot v_{1,nach} + m_2 \cdot v_{2,nach}$ (I)

$\frac{1}{2} m_1 \cdot v_{1,vor}^2 = \frac{1}{2} m_1 \cdot v_{1,nach}^2 + \frac{1}{2} m_2 \cdot v_{2,nach}^2$ (II)

Damit erhält man:

$m_1 \cdot v_{1,vor}^2 = m_1 \cdot v_{1,nach}^2 + m\_2 \cdot m_2 \cdot v_{2,nach}^2$ (II*)

Man sortiert (I) und (II*) nach Termen mit m_1 bzw. mit m_2 um:

$m_1 \cdot (v_{1,vor} - v_{1,nach}) = m_2 \cdot v_{2,nach}$ (III)

$m_1 \cdot (v_{1,vor}^2 - v_{1,nach}^2) = m_2 \cdot v_{2,nach}^2$ (IV)

Die linke Seite von (IV) wird mithilfe der dritten binomischen Formel umgeformt und anschließend ein Teilterm mithilfe von (III) ersetzt:

$m_1 \cdot (v_{1,vor} - v_{1,nach}) \cdot (v_{1,vor} + v_{1,nach}) = m_2 \cdot v_{2,nach}^2$

$m_2 \cdot v_{2,nach} \cdot (v_{1,vor} + v_{1,nach}) = m_2 \cdot v_{2,nach}^2$ (V)

Nun lassen sich beidseitig Terme herausdividieren:

$v_{1,vor} + v_{1,nach} = v_{2,nach}$ (VI)

Nun setzt man $v_{2,nach}$ in (I) ein und löst nach $v_{1,nach}$ auf:

$m_1 \cdot v_{1,vor} = m_1 \cdot v_{1,nach} + m_2 \cdot (v_{1,vor} + v_{1,nach})$

$(m_1 - m_2) \cdot v_{1,vor} = (m_1 + m_2) \cdot v_{1,nach}$

$v_{1,nach} = \frac{m_1 - m_2}{m_1 + m_2} \cdot v_{1,vor}$ (VII)

Die von der Masse m_1 abgegebene Energie ist dann:

$\Delta E = \frac{1}{2} \cdot m_1 \cdot (v_{1,vor}^2 - v_{1,nach}^2) = \frac{1}{2} \cdot m_1 \cdot v_{1,vor}^2 \cdot \left(1 - \left(\frac{m_1 - m_2}{m_1 + m_2}\right)^2\right)$

$\Delta E = E_{kin,vor} \cdot \left(1 - \left(\frac{m_1 - m_2}{m_1 + m_2}\right)^2\right)$ (VIII)

Für alle Aufgaben gilt:

$E_{kin,vor} = \frac{1}{2} m_1 \cdot v_{1,vor}^2 = \frac{1}{2} \cdot 1{,}008665 \text{ u} \cdot \left(10\,000 \frac{km}{s}\right)^2$

$= \frac{1}{2} \cdot 1{,}008665 \text{ u} \cdot \left(\frac{1}{30} c\right)^2 = 0{,}000560 \text{ u} \cdot c^2$

Mithilfe der Formel (VIII) erhält man dann:
a) $m_n = 1{,}008665$ u $m_{H-1} = 1{,}007825$ u;

$\Delta E = E_{kin,vor} \cdot \left(1 - \left(\frac{1{,}008665 - 1{,}007825}{1{,}008665 + 1{,}007825}\right)^2\right) = 0{,}999999\, E_{kin,vor}$

Nahezu die ganze kinetische Energie wird auf das Wasserstoffatom übertragen.

b) Wasser H_2O: $m_{H_2O} \approx 1 \cdot m_O + 2 \cdot m_H \approx 18$ u

$\Delta E = E_{kin,vor} \cdot \left(1 - \left(\frac{1{,}008665 - 18}{1{,}008665 + 18}\right)^2\right) = 0{,}20\, E_{kin,vor}$

c) C-12: $\Delta E = E_{kin,vor} \cdot \left(1 - \left(\frac{1{,}008665 - 12}{1{,}008665 + 12}\right)^2\right) = 0{,}29\, E_{kin,vor}$

d) U-238: $\Delta E = E_{kin,vor} \cdot \left(1 - \left(\frac{1{,}008665 - 238{,}050788}{1{,}008665 + 238{,}050788}\right)^2\right) = 0{,}017\, E_{kin,vor}$

e) Man erkennt, dass bei geringerer Masse der Stoßpartner mehr Energie vom Neutron auf den Stoßpartner übertragen wird. Bei Wasser könnte der Anteil höher liegen als die berechneten 20%, da manchmal nicht das ganze Molekül die Energie aufnimmt, sondern unter Umständen auch nur ein Wasserstoffatom im Molekül. Dann ist der Energieübertrag noch effizienter. Der Vorteil von Wasser gegenüber Wasserstoff ist seine deutlich höhere Dichte, da damit die Wahrscheinlichkeit steigt, dass ein Neutron auf ein Atom trifft.

A 10: Individuelle Lösung.

Seite 142/143

A 1: Deterministische Schäden sind vorhersagbar. Sie treten zuverlässig auf, wenn ein bestimmter Grenzwert überschritten wird. Stochastische Schäden treten zufällig auf und sind nicht vorhersagbar. Es steigt nur die Wahrscheinlichkeit ihres Eintretens, wenn die Dosis erhöht wird.

A 2: Krebserkrankungen beruhen oftmals auf stochastischen Schäden (es gibt auch solche, die deterministisch vorhersagbar sind, z. B. durch bestimmte Chemikalien). Wie groß die Wahrscheinlichkeit dafür ist, lässt sich – wie bei Wahrscheinlichkeiten üblich – nur durch Analyse einer Vielzahl ähnlicher Ereignisse ermitteln. Da stochastische Schäden sich zudem meist erst über einen längeren Zeitraum zeigen, sind gesicherte Aussagen oftmals erst nach Jahrzehnten möglich.

A 3: Die Beachtung der Fünf-A-Regel führt dazu, dass man die Dosis an radioaktiver Strahlung, die auf den Körper auftrifft, verringert. Das kann z. B. bewirken, dass Grenzwerte für deterministische Schäden unterschritten werden und diese damit gar nicht erst auftreten. Bei stochastischen Schäden wird durch eine Verringerung der Dosis die Wahrscheinlichkeit verringert, dass sie auftreten.

Fortsetzung A4:
Zu a):
Da der Strahler sich in einem luftdichten Glas befindet, kann keine Substanz entweichen, sodass eine Aufnahme verhindert ist. Da α-Strahlung schon durch Papier abgeschirmt wird, ist die Abschirmung hier vollständig, sodass keine weiteren Maßnahmen getroffen werden müssen. Eine Ausnahme läge vor, wenn das Strahlermaterial bzw. die Zerfallsprodukte auch noch γ-Strahlung aussenden würden.
Zu b):
Es kann im Prinzip auch davon ausgegangen werden, dass die β-Strahlung vollständig abgeschirmt wird, da diese durch etwa ein Millimeter Metall oder entsprechend dickere Schichten aus anderen Materialien abgeschirmt wird. Eventuell könnte man vorsichtshalber das Glas noch in eine Metalldose einbringen.
Zu c):
Hier sind Abschirmmaßnahmen notwendig, da die γ-Strahlung auch dickere Metallschichten zu durchdringen vermag, wobei sie jedoch in ihrer Intensität abgeschwächt wird. Das Glas sollte in einen dickwandigen Metallbehälter eingebracht werden.
Zu d):
Hier sind weitergehende Maßnahmen notwendig (siehe Tabelle), da es hier zu verschiedenen Gefährdungen kommen kann. Eine Arbeit mit abschirmenden Handschuhen ist hier unerlässlich.

A 4:

	Aufenthaltsdauer	Abstand	Abschirmung	Aktivität	Aufnahme
a)	----------------	----------------	----------------	----------------	----------------
b)	----------------	vielleicht	vielleicht	----------------	----------------
c)	gering halten	groß halten	durch möglichst dicke Metallschichten	wenn möglich verringern	----------------
d)	gering halten	nicht möglich oder nur mit aufwändigen Apparaten	dicke Handschuhe mit Metalleinlage, Augen- evtl. Mundschutz	möglichst gering halten	Mundschutz, Atemschutz, nicht essen, Hände waschen

A 5: a) Lösungen können individuell ausfallen. Beispielhafte Anordnung nach Wichtigkeit:

α-Strahlung	Aufnahme	Abschirmung	Abstand	Aktivität	Aufenthaltsdauer
β-Strahlung	Abschirmung	Abstand	Aufenthaltsdauer	Aktivität	Aufnahme
γ-Strahlung	Abstand	Abschirmung	Aktivität	Aufenthaltsdauer	Aufnahme

b) Lösungen können individuell ausfallen. Beispielhafte Anordnung nach Umsetzbarkeit:

α-Strahlung	Aufnahme, schwierig bei gasförmigen Stoffen	Abschirmung	Abstand	Aufenthaltsdauer, schwierig z. B. bei Radon	Aktivität
β-Strahlung	Abschirmung	Abstand	Aufenthaltsdauer	Aktivität	Aufnahme, schwierig bei Gasen
γ-Strahlung	Abstand	Aufenthaltsdauer	Aktivität	Aufenthaltsdauer	Aufnahme, schwierig bei Gasen

A 6: Die gesamte natürliche Strahlenexposition beträgt für eine Person 2,1 mSv pro Jahr (Quelle: Bundesamt für Strahlenschutz, 2022).
Folgende Hauptkomponenten werden vom Bundesamt für Strahlenschutz angegeben:
- Radon (Edelgas): 1,1 mSv ≙ 52,3 %
- K-40, C-14 in der Nahrung sowie Zerfallsprodukte von Thorium und Uran: 0,3 mSv ≙ 14,3 %
- kosmische Strahlung: 0,7 mSv ≙ 33,3 %

A 7: a)-c) Individuelle Lösung. Erklärungen sind oftmals geologische Gegebenheiten (uranhaltige Gesteine) oder von Menschen geschaffene Situationen (Kernkraftwerke, Wiederaufbereitungsanlagen etc.)

A 8: a) Rn-220, Rn-220 sind jeweils α-Strahler.
b) Die beiden Eigenschaften sind „α-Strahler" und „gasförmig" (und „Edelgas"). Aufgrund des gasförmigen Aggregatzustandes lässt es sich kaum vermeiden, Radon in mehr oder minder großen Mengen einzuatmen. α-Strahler innerhalb des menschlichen Gewebes verursachen stärkere Zellschädigungen als β-Strahler und γ-Strahler, der Faktor beträgt etwa 20.
c) Individuelle Lösung. Folgende Maßnahmen könnten beispielhaft ergriffen werden:
- geringe Aufenthaltsdauer in Kellerräumen
- häufiges Lüften in Kellerräumen
- möglichst gasdichte Ausführung der Kellerwände; allerdings enthält auch das Material der Kellerwände oft die Mutteratome von Radon.

d) Individuelle Lösung.

A 9: Individuelle Lösung. Der Anstieg der künstlichen Strahlenexposition ist vor allem auf medizinische Untersuchungen zurückzuführen.

A 10: a) Als einziges physikalisches Argument bleibt übrig:
Pro: „Lieber Atomstrom als Stromausfall": Die Aussage müsste anhand der Datenlage genauer überprüft werden: Wie viel elektrische Energie wird durch Atomkraftwerke erzeugt? Was würde ein totaler Ausfall für unseren Alltag bedeuten? Kann der Ausfall durch andere Maßnahmen ausgeglichen werden (andere Energiequellen, Einsparungen, …)?
Die Aussage hat zwar einen wahren Kern, ist aber dennoch zu sehr generalisiert. Alternativen zur Atomkraft werden nicht angedacht bzw. nicht zugelassen.
b) Individuelle Lösung.
c) Individuelle Lösung.

A 11: a) Der Verfasser des Flyers möchte möglichst viel Personen zu solch einer „Abenteuerreise" animieren.
Argumente:
- „Bevor ich sterbe…" → emotional
- „Erlebe den Gruselfaktor…" → emotional
- „Strahlenbelastung 0,004 mSv" → physikalisch

b) Individuelle Lösung, z. B.:
- Zusätzliche Strahlenexpositionen sollten grundsätzlich vermieden werden.
- Die Strahlenexposition ist nicht überall gleich, sie kann lokal auch höher sein.
- Es ist keine Zeitdauer angegeben, in der man die entsprechende Dosis erhält; bleibt man länger, ist die Dosis auch höher.
- Das Risiko stochastischer Schäden steigt auf jeden Fall.

c) Individuelle Lösung.

A 12: a) Individuelle Lösung.
b) Individuelle Lösung.

A 13: a) Individuelle Lösung, z. B.: Passivrauchen ist vor allem durch die chemische Zusammensetzung der Rauchpartikel gefährlich. Die darin vorhandene Radioaktivität steigert das Risiko zu erkranken noch einmal. Die bewusste Herbeiführung eines zusätzlichen Risikos geht in unserem System der Krankenversicherung auch zu Lasten der Allgemeinheit. Zudem ist nicht für alle Menschen der Geruch von Zigarettenrauch angenehm.
b) Individuelle Lösung, z. B.: Je nach Flughöhe ist die Strahlenexposition bei Flügen nicht unerheblich. Sie liegt zwar deutlich unter den Grenzwerten für deterministische Schäden, trotzdem steigt das Risiko stochastischer Schäden. Wie bei a) gehen Erkrankungen zu Lasten der Allgemeinheit. Auch Umweltaspekte spielen hier eine Rolle, denn Vielflieger tragen unter Umständen zu einer erhöhten CO_2-Bilanz bei.

A 14: a) Die Interessenslage des Urhebers ist es, die möglichen Gäste davon zu überzeugen, dass eine Radonkur nicht schädlich ist. Dies geschieht deswegen, weil er mit dem Angebot solcher Kuren sein Geld verdient. Der Urheber scheint also vor allem wirtschaftliche Interessen zu haben.
b) Argumente:
- Zusammenhang hohe Radondosen-Lungenkrebs → physikalisch, medizinisch
Korrektheit: nur Lungenkrebs ist wissenschaftlich eindeutig nachgewiesen, andere Krebsarten stehen in der Diskussion (Deutsches Krebsforschungszentrum, DKFZ, Stand: 2021)
- andere Krebsarten ausgeschlossen → medizinisch
Korrektheit: s. o.
- geringere Dosis bei Kuren → physikalisch
Korrektheit: nicht direkt per Recherche überprüfbar, da entsprechende Daten nur von den Betreibern solcher Kureinrichtungen angegeben werden.
- Belastung geht in der Streuung unter → mathematisch, physikalisch
Korrektheit: Die Schwankungsbreite der natürlichen Strahlenexposition in Deutschland liegt zwischen 1 mSv und 10 mSv. Die Aussage ist also korrekt.

c) Individuelle Lösung.
d) Individuelle Lösung.

Bildquellen:
|Alamy Stock Photo (RMB), Abingdon/Oxfordshire: Alchemy 3.2; Arco Images GmbH/Lacz, G. 17.1; Bosma, Ger 29.4; van der Haven, Menno 3.1. |Gleixner, Dr. Christian, Iffeldorf b. München: 5.1, 5.2, 5.4, 9.1, 10.1, 11.1, 11.2, 11.3, 11.3, 12.1, 12.2, 12.3, 12.4, 12.5, 13.1, 13.5, 13.7. |iStockphoto.com, Calgary: portishead1 Titel. |Kilian, Ulrich - science & more redaktionsbüro, Frickingen: 3.3, 7.1, 8.1, 13.3, 13.6, 16.1, 16.2, 16.3, 16.4, 16.5, 16.6, 17.2, 17.3, 17.4, 18.1, 18.2, 18.3, 19.1, 19.3, 19.4, 20.1, 20.2, 20.3, 20.4, 20.5, 20.6, 21.1, 22.1, 22.2, 23.1, 29.1, 29.2, 29.3, 30.1, 30.2, 30.4, 31.1. |Lithos, Wolfenbüttel: 3.4. |newVISION! GmbH, Pattensen: 4.1, 4.2, 4.3, 4.4, 4.5, 4.6, 4.7, 4.8, 4.9, 5.3, 6.1, 6.2, 6.3, 7.2, 28.1, 30.3. |Shutterstock.com, New York: Lopris 19.2; Misunseo 13.2, 13.4.